CHAIRUL TANJUNG SI ANAK SINGKONG

# 一介布衣凯鲁·丹绒

［印尼］凯鲁·丹绒　口述　　［印尼］查哈雅·古纳万·蒂勒贾　执笔

陈浩琦　译

中国友谊出版公司

**图书在版编目（ＣＩＰ）数据**

一介布衣凯鲁·丹绒 /（印尼）丹绒口述；（印尼）
蒂勒贾执笔；陈浩琦译. -- 北京：中国友谊出版公司，2016.3
ISBN 978-7-5057-3692-4

Ⅰ.①一⋯ Ⅱ.①丹⋯ ②蒂⋯ ③陈⋯ Ⅲ.①丹绒—
传记 Ⅳ.①K833.425.38

中国版本图书馆 CIP 数据核字（2016）第 033457 号
著作权合同登记号 图字 01-2016-1382

Chairul Tanjung Si Anak Singkong compiled by Tjahja Gunawan Diredja
Copyright 2012 Chairul Tanjung
This edition arranged with CT Corpora, Indonesia through Kent Holidays Co., Ltd.
H.K.
Simplified Chinese edition copyright:
2016 CHINA FRIENDSHIP PUBLISHING CORPORATION
All rights reseved.

| | |
|---|---|
| **书名** | 一介布衣凯鲁·丹绒 |
| **著者** | ［印尼］凯鲁·丹绒　口述　　［印尼］查哈雅·古纳万·蒂勒贾　执笔 |
| **译者** | 陈浩琦 |
| **统筹** | 黎骞云 |
| **策划** | 北京离退休侨务工作者联谊会 |
| **出版** | 中国友谊出版公司 |
| **发行** | 中国友谊出版公司 |
| **经销** | 新华书店 |
| **印刷** | 北京市雅迪彩色印刷有限公司 |
| **规格** | 710×1000毫米　16 开 |
| | 18印张　303 千字 |
| **版次** | 2016 年 5 月第 1 版 |
| **印次** | 2016 年 5 月第 1 次印刷 |
| **书号** | ISBN 978-7-5057-3692-4 |
| **定价** | 58.00 元 |
| **地址** | 北京市朝阳区西坝河南里17号楼 |
| **邮编** | 100028 |
| **电话** | （010）64668676 |

# 目录

# Chairul Tanjung "A Man of Ideas and Hard Working"

Sebagai teman Pak Chairul Tanjung, saya sangat senang diberi tahu bahwa RRT, beberapa perantau Tionghoa yang kembali dari indonesia dan teman-teman akan menerjemahkan dan menerbitkan biografi Chairul Tanjung Si Anak Singkong dalam bahasa Mandarin, memperkenalkan Pak Chairul Tanjung kepada pembaca Tionghoa. Hal ini saya anggap sangat penting dan berarti, karena buku ini bisa memberikan inspirasi kepada pembacanya sebuah kisah sukses Si Anak Singkong yang memulai usahanya dari menggunakan buku asisten praktikum yang ditawarkan teman sekelasnya dan menghasilkan 15.000 rupiah ketika masih di semester pertama Fakultas Kedokteran Gigi UI – menjadi usaha besar yang diperhitungkan di Indonesia dan dunia dalam kurun waktu 30 tahun.

Pak Chairul Tanjung bukan hanya seorang pengusaha yang sukses meniti usaha dari nol sampai besar, ia juga memiliki berbagai keunggulan yang langka dan berharga.

Pak Chairul Tanjung mencintai tanah airnya, dengan segala daya upayanya membantu orang-orang yang memerlukan bantuan, terutama korban tsunami dan anak-anak yang terpaksa putus sekolah.

Pertemanan saya dan Bung Chairul terjadi pada tahun 2002, 14 tahun yang lalu. Pada saat itu Pak Chairul Tanjung terpilih untuk memimpin PBSI (Persatuan Bulutangkis Seluruh Indonesia) menggantikan Jendral TNI Subagyo H.S mantan Kasad Republik Indonesia. Waktu itu Bung Chairul Tanjung meminta saya menjadi anggota dewan pembina PBSI. Dengan senang hati saya bersedia, dan dari situlah awal persahabatan dengan dia. Kami sering berdiskusi dengan Bung Chairul mengenai masalah-masalah ekonomi, politik, dan sosial bangsa ini. Bung Chairul bahkan banyak membantu saya menjelaskan mengenai masalah-masalah ekonomi mikro yang saya tidak terlalu memahami.

Tahun 2004 saya terpilih menjadi Presiden RI. Sebagai seorang sahabat yang amat dekat saya menawarkan Bung Chairul untuk ikut dalam kabinet, menjadi salah satu Mentri di portofolio ekonomi. Bung Chairul menjawab, "Terimakasih, tapi biarkan saya berada di dunia usaha". Meskipun berada di luar kabinet saya tetap memelihara hubungan persahabatan saya dengan dia. Tahun 2009 Alhamdulillah saya terpilih lagi menjadi Presiden Republik Indonesia untuk kedua kalinya. Sekali lagi saya menawarkan Bung Chairul untuk bersedia bergabung dalam kabinet Indonesia Bersatu II. Jawabannya sama. Dia mengatakan,"Pak SBY, kalau saya masuk di eksekutif, saya takut ada conflict of interest, karena saya masih mengelola usaha dengan agenda dan tujuan, tentu biarkan saja, saya tidak masuk kabinet". Saat itu saya terharu karena apa yang dikatakannya sesuai dengan pikiran saya. Kalau jadi Mentri tidak perlu berbisnis. Kalau berbisnis, barang kali tidak harus jadi Mentri. Sebuah pendirian yang secara konsisten dipegangnya sampai sekarang. Sejak itu, hubungan saya dengan Bung Chairul tetap baik bahkan kemudian saya angkat dia menjadi ketua Komite Ekonomi Nasional, sebuah lembaga yang terdiri dari ahli-ahli ekonomi yang berasal dari kalangan birokrasi, akademisi dan pengusaha. Tugasnya memberikan masukan di bidang ekonomi kepada pemerintah. Masukan-masukan yang disampaikan oleh Komite Ekonomi Nasional yang dipimpinnya sangat membantu memberikan arah dan masukan dari kalangan ahli dari berbagai bidang yang melihat dari perspektif di luar pemerintahan.

Berdasarkan persahabatan saya dengan Bung Chairul, saya bisa menarik kesimpulan dan ini tersirat dalam buku Chairul Tanjung Si Anak Singkong, catatan tentang Bung Chairul Tanjung.

Pertama Bung Chairul ini pandai menjaga persahabatan kepada siapa yang sedang in power maupun yang not in power anymore. Hubungan dengan saya sebagai Presiden Ri maupun dengan Pak Jusuf Kalla yang waktu itu tidak lagi berada di pemerintahan terjalin dengan baik.

Kedua, Bung Chairul seorang profesional. Seorang profesional tentu memiliki etika yaitu berbuat yang terbaik, do the best begitulah etika profesionalismenya. Bukan hanya bekerja sekedarnya, namun ingin meraih yang terbaik. Ingin menjadi yang terbaik.

Kesimpulan ketiga, Bung Chairul adalah a man of ideas, seseorang yang berfikir, menggagas, bercita-cita, but he is also a man of hard work. Bekerja keras, bekerja keras, bekerja keras. Paduan inilah yang diharapkan muncul di setiap sosok, Insya Allah, termasuk kita semua. Kita punya cita-cita, kita punya pikiran yang baik, tetapi kita sanggup untuk mewujudkan atau meraih cita-cita itu.

Dalam konteks ini saya mempunyai kenangan. Tahun 2008, pada peringatan 100 tahun Hari Kebangkitan Nasional, kami berbicara siang dan malam dan memunculkan tema besar waktu itu. Indonesia Bisa. Dilaksanakan dalam pertunjukan alegoris 100 tahun Kebangkitan Nasional di stadion utama yang dipentaskan oleh 40.000 pemuda-pemuda, mahasiswa, organisasi wanita, organisasi masa, TNI, dan Polri, serta disiarkan secara langsung oleh 10 stasiun televisi nasional selama tiga jam penuh. Itu merupakan salah satu kado bagi bangsa ini, satu abad setelah kebangkitan nasional yang dicanangkan para founding fathers negara ini.

Dalam semangat Indonesia Bisa itulah kemudian Bung Chairul tanjung dan teman-teman Indonesia Forum menggagas konsep Visi indonesia 2030. Indonesia bisa menjadi negara maju pada tahun 2030. Visi tersebut kemudian dituangkan dalam Master Plan Percepatan Pembangunan Ekonomi Indonesia 2011-2025 yang dibuat oleh pemerintah dan Bappenas. Pak Chairul Tanjung merupakan salah satu kontributor yang saya ingat menunjukkan bahwa he is truly a man of ideas dan sekaligus a man of hard work.

Kesimpulan keempat, Bung Chairul memang seorang business yang briliant yang handal dan jenius. Seorang yang memiliki naluri yang luar biasa untuk menjalankan usaha. Berfikir besar dan berfikir mendahului, thinks big and thinks a head of time. Saya simpulkan, after all sebagai profesional business man, Bung Chairul sukses, sukses. Ini menunjukkan bahwa paduan antara ideas, ideals, dengan hard work, itulah yang membulatkan capaian dari seorang Chairul Tanjung.

Last but not least, yang kelima, saya kenal barangkali mungkin tidak diketahui oleh publik. Bung Chairul seorang kritis sangat kritis. Kalau berdua dengan saya atau dengan Mentri Ekonomi yang lain dalam kapasitasnya sebagai ketua Ekonomi Nasional, Bung Chairul sering mengkritik policy yang dianggapnya kurang tepat. Ini bagus. Kritik yang disampaikan tidak obral. Tapi tajam dan right to the point sehingga saya mendengar. Namun ketika saya jelaskan,i do explain to him bahwa ada kompleksitas tertentu, Bung Chairul bias mengerti. ini bagus karena jangan sampai mengkritik, menyerang, membabi buta. Ketika dijelaskan tidak mau mendengar, maka interaksi tidak akan bagus. Akhirnya ingin saya sampaikan bahwa saya bersyukur setelah berkali-kali menolak untuk duduk dalam pemerintahan yang saya pimpin, Bung Chairul Tanjung pada tahun 2014 akhirnya menerima permintaan saya ketika saya mengatakan , "Pak Chairul Tanjung, saya harap Pak Chairul bisa menerima permintaan saya untuk menjadi Menko Perekonomian RI menggantikan Pak Hatta Rajasa yang harus berhenti karena mencalonkan diri sebagai Wakil Presiden RI dalam pilpres tahun ini".

"Saya setelah mempertimbangkan dan berbicara dengan menteri-menteri Kabinet Indonesia Bersatu II sampai dengan kesimpulan bahwa Pak Chairul satu-satunya orang yang layak dan mampu memangku jabatan ini. Karena kita sudah lama bekerja sama, anda sebagai ketua KEN dan saya sebagai Presiden Ri yang memimpin pemerintahan". Setelah berdiskusi lama Pak Chairul Tanjung akhirnya menerima dan saya lantik sebagai Menko Perekonomian RI pada tanggal 19 Mei 2014 di Istana Negara.

Ternyata pilihan saya sungguh tepat karena Bung chairul Tanjung telah melaksanakan tugasnya dengan sangat baik. Ini terlihat misalnya ketika pemerintah mampu menahan inflasi dan menahan gejolak harga kebutuhan pada bulan puasa dan hari raya Idul Fitri tahun itu. Sebuah prestasi yang tidak pernah bisa dilakukan sebelumnya. Pak Chairul Tanjung juga berhasil menyelesaikan berbagai permasalahan besar seperti Freeport dan Newmont. Diselesaikannya dalam waktu singkat dan tanpa gejolak. Berbagai proyek besar yang tertunda di berbagai tempat di seluruh Indonesia bisa dilanjutkan dengan baik. Semua itu membuat tugas saya sebagai Presiden RI di Kabinet Indonesia Bersatu II pada akhir masa tugasnya bisa diselesaikan dengan baik. Kami seluruh anggota pemerintahan Kabinet Indonesia Bersatu II telah berhasil menyelesaikan bagian akhir dari pemerintahan secara soft landing. Saya juga terharu ketika sebelum dilantik, Pak Chairul Tanjung menyatakan komitmennya untuk sepenuh waktunya mencurahkan tenaga dan pikirannya sebagai Menko Perekonomian RI dan meninggalkan seluruh bisnisnya . la mengatakan, tak sedetikpun ia mendatangi kantornya di Menara Bank Mega tempat ia menjalankan bisnisnya sehari-hari untuk sepenuhnya berkonsentrasi sebagai Mentri Perekonomian RI yang baru di kompleks gedung Departemen Keuangan RI di Lapangan Banteng, Jakarta. Sebuah sikap dan komitmen yang sangat saya hargai dan hormati.

Episode ini memang tidak ada dalam buku Chairul Tanjung Si Anak Singkong yang anda baca namun perlu saya ungkap untuk menunjukkan siapa sebetulnya Pak Chairul

Tanjung itu.

Perjalanan Pak Chairul Tanjung merupakan mikrokosmos perjuangan danpembangunan bangsa Indonesia yang gagah perwira.

Saya berharap bahwa pembaca Tionghoa akan menikmati buku ini dan melalui buku ini dapat melanjutkan pemahaman tentang Indonesia secara kongkret dan mendalam sehingga dapat meningkatkan persahabatan antara masyarakat RI dan RRT.

Jakarta, 25 April 2016

Dr. H. Susilo Bambang Yudhoyono

# 凯鲁·丹绒：一个有理想并艰苦奋斗的人

欣闻在中华人民共和国的印尼归侨和朋友们要把《一介布衣凯鲁·丹绒》这本传记翻译成中文，并在中国出版发行，把凯鲁·丹绒介绍给中国的读者，我作为凯鲁·丹绒的朋友，感到十分高兴。我认为这是一件十分重要和有意义的事情，因为这本书中"一介布衣"成功的故事，能激励和启发其读者。他从在印度尼西亚大学口腔医学院上大一时利用同学们的实验室讲义挣了第一笔1.5万卢比开始，在30年之内创造出在印尼和世界上屈指可数的巨大事业。

凯鲁·丹绒先生不仅仅是一个白手起家，通过艰苦奋斗发展成一个大企业家的成功创业者，他还具有许多十分难得的宝贵优点。

凯鲁·丹绒先生热爱自己的祖国，他竭尽全力帮助那些需要帮助的人，特别是海啸灾民和被迫辍学的学生。

我与朋凯鲁（"朋"，印尼文Bung，是一种尊称——译者注）的友谊始于14年前，2002年。当时朋凯鲁当选为印尼羽毛球协会主席，接替印尼共和国武装部队前陆军参谋长苏巴吉奥H.S.将军。朋凯鲁邀请我担任羽协的理事。我很高兴地接受了，并从此开始与他的友谊。我们经常与朋凯鲁一起讨论国家的经济、政治、社会问题。朋凯鲁甚至还跟我讲解了许多我还不太懂得的微观经济学问题。

2004年我当选为印度尼西亚共和国总统。作为好朋友，我提议朋凯鲁入阁，担任经济工作方面的部长之一。朋凯鲁回答说:"谢谢您,还是让我在商界吧。"尽管他没入阁,我们仍保持着友谊。2009年,感谢真主,我再次当选为印尼共和国总统。我也再次邀请朋凯鲁入阁(印尼第二届联合内阁),答案还是一样。他说:"苏西洛先生,如果我参与主管国家行政工作,恐怕有利益冲突,因为我的日程和目标仍在企业管理上,当然只能这样,我不入阁。"当时我很感动,因为他所说的与我的想法是一致的。如果当部长就不要做生意。如果做生意,也许就不应该去当部长。直到现在他始终坚持这一理念。从那时起,我与朋凯鲁的关系一直很好,以至后来我还任命他担任国家经济委员会主席。这是一个由机关、学界和商界的经济学专家组成的机构,其任务是在经济领域向政府提出意见和建议。他领导的国家经济委员会有来自各个领域的专家,从政府以外的各个不同角度来看待和分析问题,所提出的意见和建议对政府的帮助非常大。

基于我和朋凯鲁的友谊,我可以得出在《一介布衣凯鲁·丹绒》这本书中所隐含着的结论。

首先,朋凯鲁十分看重友谊,不论朋友是否在位,有没有权。他与当总统的我和与当时已经不在政府职位的优素福·卡拉先生,关系都很不错。

其次,朋凯鲁是个专才。专才有最好的道德,这道德就是敬业精神,即要做到最好。不仅是尽力而为,而是要达到最佳状态,要最好。

第三个结论,朋凯鲁是有理想的人,他会琢磨,出主意,有抱负,但他还是一个艰苦奋斗的人。努力工作,努力工作,努力工作。这些优点结合在一起,托靠真主,就有望出现一个人物,包括我们所有的人。我们有抱负,再有好的思想,我们就能够实现这些理想。

这让我回想起在2008年,为纪念民族觉醒日100周年,我们谈了一天一夜,萌发了当时的大主题——"印尼能行!"由4万青年、学生、妇女组织、群众团体、军队和警察,在主体育场举行了民族觉醒日100周年的寓意式演出,全国10家电视台现场连续直播整整3小时。它是在这个国家的开国元勋宣告民族觉醒一个世纪后,馈赠给我们民族的礼物。

在"印尼能行!"的精神之下,后来朋凯鲁和印度尼西亚论坛的朋友们又提出了"印尼2030年愿景"的理念——到2030年印尼能成为一个发达国家。此愿景后来融入了政府和国家发展规划局所制定的《2011至2025年加速印尼经济发展进程总体规划》中。朋凯鲁是我所记得的主要贡献者之一,说明他确实是一个有理想并艰苦奋斗的人。

第四个结论,朋凯鲁是一个辉煌的、高超的天才企业家,具有令人难以置信的办企业的本能——大思维和超前思维。我的结论是,无论如何,作为一个专业的企业家,朋凯鲁成功了。这表明,思维、理想和艰苦奋斗,结合在一起,造就了凯鲁·丹绒的成功。

最后，第五个结论很重要，但我想公众可能并不知道。朋凯鲁是关键的批评者。如果与我或者与其他经济部部长单独在一起时，朋凯鲁作为国家经济委员会主席，经常会批评他认为不妥的政策。这是好事。他的批评不打折扣，十分尖锐，切中要害，我能听取。而当我向他解释事情有一定的复杂性时，朋凯鲁也能理解。这样挺好，因为不会引发矛盾冲突。如果表示不爱听，那就不会有好的互动。

最后，我想说的是，我十分庆幸，朋凯鲁在多次谢绝接受我所领导的政府中的席位后，在 2014 年终于接受了我的请求，当时，我说："凯鲁·丹绒先生，我希望您能接受我的请求担任经济统筹部部长，接替哈达·拉加萨先生，因为他作为副总统候选人参加今年的总统大选，必须终止工作。"

"我已经考虑好并与内阁部长们商量过，结论是，凯鲁先生是唯一能承担此职务的合适人选。因为您作为国家经济委员会主席，而我作为印尼共和国总统领导着政府，我们长期在一起工作。"经过长时间的讨论，凯鲁先生终于接受，于 2014 年 5 月 19 日在由我在国家宫主持任命仪式上，宣誓就任印尼共和国经济统筹部部长。

我的选择显然是正确的，因为朋凯鲁完美地履行了自己的职责。当年的斋戒月及开斋节期间，政府能够抑制通胀，抑制生活必需品价格波动，便可见一斑。这是此前从未有过的成就。凯鲁·丹绒先生还成功解决了几个重大问题，例如自由港和纽蒙特矿业公司问题，在短时间内完成并且没有引起动荡。在印尼全国许多地方，好几个久拖不决的大型项目也终于能恢复正常运作。所有这一切让我作为印尼第二届联合内阁总统的工作在任期结束前得以顺利完成。我们印尼第二届联合内阁全体成员以软着陆的方式结束了本届政府的最后任务。最令我感动的是，凯鲁先生在就职前即明确承诺，要抛开他的全部生意，倾其全部时间和精力当好经济统筹部部长。他说，他甚至没有用一秒钟去他本来每天都要去的自己在梅加银行塔楼的办公室，而是去雅加达雄牛广场的财政部大楼全身心地投入新任经济统筹部部长的工作。他这样的态度和承诺令我非常珍惜和尊重。

这个情节并没有出现在您所读的《一介布衣凯鲁·丹绒》这本书里，但我有必要在这里说明，告诉您凯鲁·丹绒先生实际上还是怎样一个人。

凯鲁·丹绒先生的个人经历也是印尼人民英勇发展奋斗的一个缩影。

我衷心地希望中国的广大读者能够喜欢这本书，并通过这本书，更深入具体地了解印尼，使印尼和中国两国人民之间的了解和友谊得以更加深入地发展。

苏西洛·班邦·尤多约诺博士
2016 年 4 月 25 日于雅加达

# 中国驻印尼特命全权大使为中文版写的序言

　　我有幸品读了凯鲁尔·丹绒先生的传记。传记以精彩的语言、感人的故事、深刻的哲理，记录了丹绒先生的成长历程，展现了他对人生、事业和国家的深刻思考，令人掩卷而思，获益良多。

　　丹绒先生是印尼家喻户晓的企业家和政治家。正如书中记载，他成长于贫民窟，逆境雕琢出勤奋、坚毅、自律的性格。几经波折，几度沉浮。从一无所有到成就商业帝国，从衣衫褴褛到荣登福布斯富豪榜，并在2016年荣获印尼榜"探花"。丹绒先生五十年的奋斗史，道尽了乐观进取、刻苦拼搏、坚忍不拔、重情重义的人生哲学。"成就非凡之事，必有非凡之功"——这正是他孜孜不倦、追求卓越的真实写照，也是自力更生实现"印尼梦"的最好例证。

　　丹绒先生素有家国情怀，以身为印尼人为傲，以建设更繁荣富强的印尼为使命。任印尼经济统筹部长期间，他为推动印尼经济社会发展呕心沥血；在国家面临金融危机的艰难时刻，他以身作则，号召全国人民团结奉献、共克时艰；他热心公益，资助贫困学生，教他们用知识改变命运；他创新理念，振兴"印尼国球"羽毛球，改革电视传播业，致力让印尼文化誉满全球。

　　我在担任中国驻印尼大使之初，就有幸结识丹绒先生，后来又多次见面交流。他对地区和世界经济形势，特别是中印尼两国经贸合作的独到见解和建设性意见给我留下深刻印象。丹绒先生曾说："世界的未来在亚洲。"当前，中印尼关系呈现政治安全、经贸投资、人文交流三驾马车并驾齐驱的良好势头，正迎来历史最好时期。这得益于两国领导人的亲自关心和引领，也离不开包括丹绒先生在内的两国各界有识之士的大力支持和积极参与。作为重要发展中大国和新兴经济体，中印尼面临相似发展任务，合作互补性强，空间广阔。我们愿与印尼方一道，按照习近平主席和佐科总统达成的重要共识，全面对接发展战略，全面推进务实合作，不断增进两国人民的福祉，促进亚洲的和平、稳定与繁荣。

　　梦想比天高。希望更多人，特别是年轻人能读一读这本传记，领会丹绒先生的良苦用心，参悟他的为人处世之道。希望丹绒先生的励志故事能激励更多人勇敢追梦，书写属于自己的成功故事。

谢锋

中国驻印度尼西亚特命全权大使

二零一六年三月

# 前 言

朋友们，我亲爱的、令我骄傲的、CT 集团公司旗下所有企业的领导层和员工们，你们手里拿着的这本书描写的是我的人生历程。

通过这本书，我要和你们分享我所有的、从童年直至成为你们领导的人生曲折、经验、意义以及我所秉持的价值观。

了解了我的人生历程后，相信你们也会成为凯鲁·丹绒的梦想中不可分割的一部分。让我们行动起来，共同发展壮大 CT 集团公司旗下的所有企业，实现我们大家理想中的骄傲和繁荣，最终使印度尼西亚变得更美好。

我希望你们的家人也能读这本书，因为我梦想有一天，你们的家人也能跟上步伐，那么我们甚至还能超越业已取得的成就。希望本书能给大家带来益处。阿门！

凯鲁·丹绒

2012 年 6 月于雅加达

# 序 言

鬼的故事几乎总是能吓到小孩。穷人家的孩子也怕,不敢去幼儿园,因为在那里有荷兰保育员,全身裹着白色的衣服,看着像鬼神一样。这个小男孩也怕去幼儿园。

他快乐的童年基本上是在雅加达市郊度过的。他和同龄伙伴们一起用钉子来做小刀,故意把钉子放在从自家门口经过的火车轮子下压扁。有时在周末,马腰兰地区的这些孩子闹哄哄地骑着自行车到安佐尔去吃便宜的棕榈果。

幸运的是,这孩子的祖母是雅加达科特蓬街国立小学的宗教老师,他从祖母那里得到了很好的宗教教育。祖母的教育至今也一直是他成长做人的基础和指南。尽管有这些家庭管教,父母还是要把非常有限的收入都拿出来,让自己的孩子接受私立学校教育。

父亲太理想化了,他的政治理念和政府相左,结果,他所有的企业,包括印刷、报纸、交通运输等,都被迫关闭了。他们全家搬来搬去,还曾租住旅馆,八口人挤在一个房间里,浴室是公用的。他们最终在雅加达边上的贫民村落脚,因为没有钱付旅馆房租。

还在上初中时,这孩子便已开始管理同学们外出游学的交通问题。然而,所有的事情安排好后,这个已经习惯了艰苦生活的孩子却不能参加,因为没钱。

后来他长大了，学习了哲学和处世原则，才体会到找生活资源有多么的不容易。

接下来的路程就如同行云流水。这孩子逐渐成熟。事实上，在年轻的时候，他就能同时在学术研究、组织社会活动和商业投资三个方面取得成就。

如今，这位来自雅加达贫民区的一介布衣已经成为印度尼西亚有影响的人物。他，便是凯鲁·丹绒。

# 努力，真诚，老实

**雅各布·乌塔玛**

> 我钦佩、赞赏成功的年轻人。他们之所以能开拓，能发展，
> 并获得成功，是由于辛勤工作，全身心投入，有诚信，有担当，
> 还有几分雄心的驱动。

当被问及我对凯鲁·丹绒（Chairul Tanjung，缩写为 CT）的印象时，我的反应是由衷的赞赏。论年龄，他是我的儿子辈。此时，他跨进了 50 岁，而我已经超过 80 岁。就其成长历程而言，他属于顶级的印度尼西亚企业家，各界称之为"上升之星"，但既不是"富二代"，也不是"官二代"。

在创业方面，我们要向凯鲁学习。从 1996 年他收购梅加银行（原名卡尔曼银行）一直到 2006 年，在不到 10 年的时间内，他以 3.1 亿美元（相当于超过 2.8 万亿卢比）的个人总财富，在《福布斯》杂志的印尼 40 名富豪榜上名列第 18。2012 年 3 月，《福布斯》杂志公布的世界上 1226 名富豪中，有 17 名印尼人榜上有名，其中凯鲁以 20 亿美元的个人财富名列第 634。

凯鲁不反对自己"新星"的雅号，但否认是所谓的"幸运"企业家，因为他认为一切收获，都得益于自学生时代以来多年的辛勤工作。从复印业、制鞋业和金融业开始，发展到多种业务，甚至收购外国公司（家乐福）。其伞形帕拉集团更名为 CT 集团公司（Chairul Tanjung Corpora），不再只集中于金融、房地

产和媒体业，而是涵盖了几乎所有其力所能及的领域。正如凯鲁自己所承认的，在其诸多抱负中，还缺少航空公司，虽未实现但名字他已经找到。

我们，至少我本人，觉得有必要搜集大量的实例和学习资料。由于他的辛勤工作和全身心的投入，他从一个无足轻重者变成一个重量级人物。

虽然，为了能集中精力，保持中立，凯鲁并不想卷入政治，但据传在2007年，他以印尼论坛基金会董事会主席的身份，主持制定了《印尼2030年愿景》。苏西洛·班邦·尤多约诺内阁酝酿重组时，凯鲁是被传唤到茂物芝克亚斯总统府的人之一。不过，他谦虚地说："只是征询我对印尼经济前景的意见。"不少企业家争相进入政治领域，许多政党领导人也有意拉凯鲁加入政界，但他不为所动。"我对政治不感兴趣。"他说。

## 诚信是首要资本

凯鲁使我想起古希腊神话中的一则故事。从前有一个国王迈达斯，他有神奇的魔力——点石成金。这则故事的智慧，并非在于迈达斯抱怨他所获得的魔力造成了混乱——因为他要吃的东西也变成了黄金，而在于迈达斯的魔法把一切都变成了金子。

凯鲁简直就是迈达斯，不是寓言中，而是在现实中。他创办和发展的所有企业，几乎没有一个失败的。也许只有两个，即在巴刹斯年市场开设医学学生实习用品专卖店和做建筑承包商。他还在印大医学院做学生时（1981—1987）就被归到"会折腾"的那一类。后来开了一家鞋厂，那才是他企业家生涯的初期。既然根本就没想当医生，那干吗考口腔医学院？他说："我的目标就是进公立大学，因为便宜。"然后，他回忆起自己的母亲如何操劳资助他上学。而他后来靠自己解决了学费问题。

凯鲁让人想起了哲学概念"从无到有"。在凯鲁的手中，这个概念是真切的。由于勤奋和努力，凯鲁创造了这么多新企业，不仅有利于自己和家人，也有利于社会上很多人。其中，在2012年年初，他便创造了超过7.5万名员工的就业机会，为印尼在国际上争了光。

1998年，在各种会议以及媒体的采访中，在回答记者提问时，他说："成功不能在瞬间实现。"这需要毅力、勤奋和高度的诚信。在商业世界里，诚信是首要的资本。1987 年，他从印尼进出口银行获得金额为 1.5 亿卢比的出口流动资金贷款，第一次有了这样的体验，当时进出口银行评估凯鲁有能力通过出口童鞋周转资金。

诚信就是一切。失去了信任，便失去了业务本身。为了赢得商务合作伙伴们的信任，必须努力工作，始终健康并积极地思考。"尽管在实践中，生意经常造成商业道德的偏离，但追求进步的企业家必须坚持发展道德和理想。"在经营实践中，只要一切都在合理范围内，是没有问题的。凯鲁声称，在进行其所有业务活动时，他总是力图按照法律和制度办事。"我几乎从来不给官员或国有银行的董事进贡，因为这不是我的目标。我从银行得到信用不靠行贿，是因为我有良好的记录。"

做生意要有诚信、道德和理想，这就是 2006 年罗盘报业集团把 55% 的股份（私营电视台 TV 7，后易名为 Trans 7 ——译者注）卖给 CT 集团公司时，我再次体会到的。罗盘报业集团和我都觉得获得了合作伙伴。CT 集团公司在媒体方面的愿景和使命与罗盘报业集团的愿景、使命、理想相一致。不知道是因为运气好还是因为更专业，不到一年工夫，Trans 7 的绩效便足以弥补亏损，甚至开始赢利。

## 总是乐观

我观察以理性乐观制定的《印尼 2030 年愿景》发现，他对印度尼西亚发展的预测与他对其有诸多企业的控股公司 CT 集团公司的发展预测相似。憧憬美好未来，便有乐观的感觉。在综合的、深入的和负责任的科研基础上，经过有针对性的分析处理，形成理性。一切都要通过企业家、政府机构和学术界的协同合作来创建。为达此目的，需要三个条件：强有力的国家领导，有利的商业环境，以及全面的能源政策。

根据《印尼 2030 年愿景》，到 2030 年，拥有 2.85 亿人口的印尼将进入世界经济强国前 5 名，人均收入约 1.8 万美元，进入 10 个主要的世界旅游目的地名单，国内能源需求实现独立，并有至少 30 家印尼公司列入财富世界 500 强排行榜。有些人认为，《印尼 2030 年愿景》的目标并未将文化政治社会因素考虑在内，使这愿景容易被批评为梦想或乌托邦。

然而事实正相反，在进行公司的管理方面，凯鲁是很现实的。除了愿景和目标清晰之外，目标战略和实现它的举措也很明确。专栏作家克里斯蒂安托·威比索诺称，凯鲁以这种方式思维，是一位在危急的氛围中具有管理技巧的企业家（在 1998 年危机之前还几乎没有人知道凯鲁），简直可以说是个具有回春之力的"妙手"。这不仅仅是因为走运，更主要的是他把所有因素都放在考量计算的标准上，由专业的管理系统进行管理，加上努力工作和全身心投入。

我听过他的许多讲座，给我印象深刻的是他中肯的观点，不是那种主观臆造的分析，而是实践得出的结果。其中一次是 2011 年 11 月 2 日在雅加达桑提卡酒店，为罗盘报业集团领导层演讲。他的演讲内容是与未来乐观的亚洲背景相关的全球形势，以及印尼作为其中一个成员具有什么样的地位。他认为，印尼取得进步的首要条件是人力资源，人们不仅受过教育，还必须富有创意，并要建立在科研成果的基础上。"世界的未来就在亚洲。"他说。

世界经济的百分之五十将由亚洲控制，以中国和印度为主。我记得其中凯鲁说的关键的一句话，是后来从录音里听到的，因为演讲中我正好离席："谁不改变，谁就会被竞争对手吃掉。"

凯鲁出生在雅加达，父亲阿卜杜勒·加法尔·丹绒是巴塔克人，是 20 世纪 60 年代在苏加诺时期被关闭的《印尼火炬日报》的领导人；母亲哈利玛是巽他人。他具有"巴塔克和巽他"血统的直率和优雅的性格。

凯鲁在回答关于创业的问题时说："企业家的身份可以诞生，但不是世袭。"凯鲁证明了自己的成功。凯鲁的目标是把其企业在印度尼西亚做成最大。他也已证明了自己的信心。他所"点"到的一切都出了成果，就像国王迈达斯点石成金那样。勇敢向前吧，年轻人！凯鲁·丹绒！

罗盘报业集团董事局主席

2012 年 6 月于雅加达

# 母亲的精细面料
# 成了我的学费

由于受到费用等诸多条件限制，我必须慎重考虑怎么办，包括高中毕业后准备考大学等。

我没有未来十几年的具体理想，也还没有想好要选择读哪所大学。当时，上世纪 80 年代初，我唯一的考虑是上国立大学。因为便宜。如果不选国立，我肯定永远上不了大学，因为某些民办高校的费用更多。

高中时的自然科学课给了我更多的择校机会。当时的国立大学注册系统给了我五所大学三个不同专业的选项。我的第一个选择是万隆理工学院土木工程规划专业；第二个选择是印度尼西亚大学（印大）口腔医学院；第三个选择是药学院，也是在印大。我不可能选全科医学专业，因为我的亲妹妹凯莉·丹绒已经选了该专业，也在印大。一家有两人同一专业，感觉很不舒服。那时，我已经会考虑最小环境中的协同作用，特别是在家里。

晨祷之后，我带着紧张的心情，出发去雅加达史纳延东边的停车场，那里是国立大学入学考试发榜处。当时还太早，史纳延地区大雾笼罩，而太阳还懒洋洋地赖在床上。有几千乃至几万名准大学生已经在此喧闹聚集，报纸散落一地。这边人群在欢呼，而在另一边则有不少学生耷拉着脑袋，有的甚至哭了。那是欢笑声和悲伤泪水混合的场面。

发现榜上有名，我高兴得跳了起来。"考上了！"感谢真主，我考上了印度尼西亚大学口腔医学专业。对我来说，重要的是能被国立大学录取。我要把这好消息告诉亲爱的父母亲。

除了这个好消息，我还应该告诉他们印大口腔医学专业的学费有多少。那时必须交给学校的费用总共是 7.5 万卢比。其中，4.5 万卢比是第一年的学费，3 万卢比是管理费和校服费等。

对于富裕家庭的同学们来说，这学费不算太多，而对我家来说却是一笔不小的钱财。不知为什么，妈妈只是告诉我过几天再拿钱。事实上，她微笑着如期如数给了我所要的钱。我很高兴地到学校办理了所有的入学手续。1981 年，我正式成为印大口腔医学院的学生。

## 不是顶尖专业

当时在印大，我们口腔医学专业与医学和经济学相比，并非顶尖。这两个专业每个年级的学生总是有数百人。而在口腔医学院，1981 级还不到一百名学生，而且 80％ 以上是女生。这是个令人开心的情况，我就是口腔医学专业的这十几名男生之一。

当我被口腔医学院录取时，院长是从医学院调来的马哈尔·马尔佐诺教授。当时印大的两个顶尖专业的分工似乎已经有共识。医学院被赋予管理大学的责任，充实、完善学校各级领导班子；经济学院也不逊色，他们被赋予管理国家的责任。几乎所有的内阁部长都来自印大经济学院，例如维佐约·尼蒂萨斯特罗教授、阿里·瓦尔达纳教授、萨利赫·阿菲弗教授、苏马林教授、穆罕默德·萨德里教授，还有埃米尔·萨利姆教授，等等。因此，如果你听到印大经济学院的新同学经常唱一段进行曲"……读好四年本科，部长职位在等着你……"，不必感到惊讶。

可不是吗！印大经济学院的课程能在相对较短的时间——四年内完成，而我们口腔医学院的课程，至少需要读五年才能拿到学士学位。

也许是因为我积极发表意见，姿态较高，在 Posma（新生研究方向和校园介绍）时我就被选为本年级学生的主席，还赢得了"将军"的绰号（印尼语中的年级"Angkatan"还有部队的意思——译者注）。在大学几年里，这种情况还在校园里延续着。后来同学们一致鼓掌通过任命我为口腔医学院 1981 级学生主席。

幸运的是,那年"解放"一词不是那么普及,大部分女同学只是赞成。试想一下,如果当时的女性已经有权利和地位,有要与男性平等的意识,我似乎较难成为口腔医学院的学生主席。

由于家庭经济条件的限制,接下来怎么办?当然这并不妨碍我上学放学搭乘公交车。后悔吗?一点也不。在学生食堂有个同学们称为"托伊卜摊档"的套餐:半份米饭,再加上蔬菜,豆豉或豆腐,当然还有辣酱。那美味我至今难忘。

## 非常坚定

我的父母在教育我们六个子女方面坚定得出了名。父母有这样的原则:"为了摆脱贫困,必倾全力投入教育"。他们努力为孩子寻求正规教育,作为未来成功之首要储备。

我的母亲哈利玛出生在西爪哇苏加武眉的芝巴达克。一天下午,她直言不讳地说,为了我的学费,她必须加班加点攒钱。妈妈泪汪汪的双眼坚定地注视着我,拍着我的肩膀,说道:"凯鲁,妈给你的第一次学费,是前几天把精细面料拿去典当得来的。认真学习吧,儿子。"

听了妈妈一席话,我脚下的地球似乎停止了转动,心脏也停止跳动,血似乎不流动了。想象一下,我刚开始大学生活,满腔热情地享受结识新朋友的乐趣,突然听到母亲说的话我很痛心,很震惊,瘫软在地。但是,这一切对我都只是个激励,从那时起我决定不再向家长要钱。我应该能自己负担在印大学习的所有费用。我必须努力靠自己挣钱,不能再向爹妈要一分钱。我一定能行!

## 为了孩子

迄今为止,雅加达市中心甘比尔区克文克拉帕乡巴杜杜利斯村阿布巷的一些村民当初有机会注意到的话,可能还记得我习惯在村子一角的公厕里看报纸消磨时间。

公厕是住在阿布巷所有人的共同财产。这个地方不像今天的公厕那样配备独立化粪池,而是直接进入下水道。便坑的盖子各式各样,有锌的,防水布的,胶合板的,就地取材,因为当时没有其他人来管这项改造工作。那时公厕就是这样。

巴杜杜利斯街道的阿布巷，是 20 世纪 70 年代雅加达的贫民区之一。下雨时淹水，土路泥泞，旱季则干燥炎热，尘土飞扬。村里的所有房子都是矮小的排屋，墙是使用各种简易的材料拼凑而成的，没有楼房。在阿里·沙迪京担任雅加达省长的时代，此地区通过穆罕默德·胡斯尼·坦林（MHT）工程项目进行改造后"变了脸"。

我生活在阿布巷这个破败的社区，经历过各种各样的问题和困难，不一定要告知同学们。不行！这是我的隐私，所有存在的问题都应该自己解决。我应与同学们聚会时保持微笑，当他们偶尔问及我的生活条件时也要隐瞒真实的感受。我不愿任眼泪流出，那只会惹出更多的问题。

我决心已定。不要提这些，那无非是发泄对现状的不满。不富有完全不是父母的过失，也完全不能责怪父亲所冒的政治风险，只为与当时统治者在意识形态和思想上对立，但父亲的爱国不容置疑，也无可争议。我确切地知道父母做了什么，他们总是很努力为自己的子女牺牲一切。

凯鲁，妈给你的第一次学费，
是前几天典当精细面料得来的。
认真学习吧，儿子。

# 我人生
# 第一笔 1.5 万卢比

**2**　那时候，教师的地位仅次于真主。他们的指示学生不可违抗。不管说什么都是命令，不可当耳边风。当然学生更不能违反。那时，我们的老师总是无一例外地要求每个学生都有一本他编写的实验室辅助教材。该讲义还与印大口腔医学专业学生实习活动的利益有关。

口腔医学专业的实习课非常多，如做石膏模造假牙，然后雕刻。另外一种实习假牙是用蜡做的。所有实习都必须按照老师发的实验室辅助教材来做。这本书很薄，大约只有 20 页，要求学生人手一册，可以自己去复印。

印大校园在雅加达萨伦巴地区，附近复印门店挺多。我向他们打听复印的价格，平均大概每页 25 卢比。就是说，每个学生复印那本书要花 500 卢比。

## 利用机会

从初中开始，我和同学们通常在贝尼·苏里亚同学家的布拉沃印刷厂印东西，厂址在斯年区第五邦戈路 5 号。此印刷厂是家庭经营的，开始是苏里亚先生本人、他的妻子，后来是所有孩子，包括托尼、女儿哈尔迪，当然还有贝尼。

哈尔迪在凡利斯学校上初中期间是比我高两年级的校友。1981年，她已受命担任该印厂领导。那时还没有电话机。我来到她家，并要哈尔迪帮我印上述那本实验室讲义。她很痛快，答应只收150卢比。她先干，干完再付款。那天下午，我满心欢喜地回家，眼前发现了机会。

第二天，回到校园，我向同学们提出给他们印那本在校园周边印要花500卢比的实验室讲义，出价300卢比。当然，他们对这较便宜的价格肯定能接受。同学们并不知道我在哪里复制这讲义。我想这是商业机密。

作为一个学生，我能从为本年级100个同学印讲义的复印费中赚取这差价肯定会带来不少的利润。复印生意首次便获利1.5万卢比，过程很轻松。诀窍很简单：关系网和诚信。

我认为这1.5万卢比的首次盈利提高了我的自信心。接着是几万卢比、几十万卢比，以后如果这种精神和自信得以保持下去，挣数百万卢比也不难。自此，我的生活变得轻松起来。那时在校园里每一个角落似乎都飘着印尼卢比。"都是钱！"我一边微笑，一边心里嘟囔着。零投资的生意就这样开始了。

复印生意首次获利 1.5 万卢比，
过程很轻松。诀窍很简单：关
系网和信任。

# 校园复印业老大

在我这儿复印的价格比在校园周边的店便宜得多，这消息，不光在口腔医学院，其他学院也传播得很快。不仅同学知道，一些老师也知道了。总之，大家都来让我帮忙印各种讲义。很多，有印尼语的，也有英语的。

我还发现在格罗戈地区有个地方，复印费每页 15 卢比。如果复制的数量大，价格还可以优惠到每页 12.5 卢比。假设一本讲义 100 页，再乘以 100 名学生，如果以每页 15 卢比的价格，总共是 15 万卢比。那时，学生在校园附近的萨伦巴街上必须以每页 25 卢比复印，而我可以为他们提供的优惠价是每页 20 卢比。当然，校园里的朋友们都乐意找我。

试想，同学们印每页能省 5 卢比，100 页的教材就省了 500 卢比。这对我们 1981 级的学生来说也算不少钱了。这笔钱可以在托伊卜摊档吃五次欢乐套餐。

从 100 名学生的 100 页教材中，我赚取了肮脏的 5 万卢比差价。几乎所有的老师都把他们的讲义托付给我，复印给所有学生。很多朋友帮我，包括从老师那里收集讲义，用三轮蹦蹦车往返格罗戈运送复印好的书等。对于这些帮助我的朋友，复印他们的讲义是免费的，在托伊卜或在校园食堂的每一顿饭肯定是我付账。

可以说，那时我是整个印度尼西亚大学最忙的学生。朋友越来越多，有学生，也有老师。当然并非全都喜欢此事，也有不少人不以为然，但我并没有理会。我认为它是非冒不可的风险。

在这么多朋友中，我最不会忘记的是波伊·M.巴赫蒂亚尔对我的帮助，他是基础医学课的老师。那时他还是单身。他不仅是我的老师，也是朋友。波伊看到我特别忙碌，显然慢慢地开始喜欢甚至同情我。他经常把他的丰田 KIJANG 牌爱车给我在日常活动中使用，而自己乘公交车上下班。

波伊说："凯鲁，你就用我的车吧。"

我说："那你怎么回来？"

波伊说："嘻，你甭管了，我好办。"

波伊漫不经心地回答着我的问题，乘坐公交车走了，消失在萨伦巴的喧嚣中。几乎所有年级的学生都认识我，还有老师、院长，甚至是印大的校长。因此，在我有事找他们的时候，我很容易得到他们的帮助，而这就是一种"互利共生"。

## 楼梯下的企业

我看到校内某处楼梯下有个闲置的空间，可以把它用于复印业务。我想，为了搞复印，我每周必须往返于萨伦巴和格罗戈两到三次，太浪费时间了。如果在校园里做复印生意，那就省事多了。此外，学生经常从楼梯经过。那时都还没有自动扶梯，更别说升降电梯。向学校行政领导请示也比较容易。由于人缘好，我申请利用楼梯下的闲置空间时没遇到什么麻烦，校方很快便批准了。

我联系有复印机的朋友把他的机器放在那里。下一步怎么办？我不可能自己成天坐在那儿看着复印机，因为我还得上课和参加各种活动。请人干，每复印一页佣金 2.5 卢比。这样做，看复印机的雇工也不可能欺骗我，因为每台机器上都有计数器。每天下午，我都出现在复印机那儿，跟个大老板似的："收的钱呢？"

呵呵……那时，作为学生有自己的收入，那是个什么劲头！世界别提有多亮堂了，在印尼美丽的海滩上，万里晴空，无云阻挡那一轮皓月。我虽然是一个从穷苦家庭出来的大学生，但我确信自己能成为这个时代最富有的大学生之一，至少在印大的校园里。每次在那摊档吃饭，至少有 10 个到 20 个朋友聚在我身边，全部免费。"我来埋单。"这样是否会怕把钱用光了呢？绝对不会。那么，是否要担心明天还会挨饿？那还遥远得很。我的想法很简单：好好干，和我所有的朋友一起享受成果。

我经常请朋友们在食堂吃饭，也多次在一些餐厅请他们共享美味佳肴，包括在普恩扎克地区，我们在那里宣布成立 X 大队、X1 大队、X2 大队等等。"大队"在这里并不是军国主义的代称，"X"是当时我恰好在使用的著名复印机品牌"施乐"的缩写。

我的业务不只是停留在复印。我也开始进入牙科用品的业务，以满足学生的需求。当时所有的牙科学生总是需要实习用品，量不少。每年都有数百名学生有此类需求。我便琢磨："这是市场！有商机。"

我来满足各种装备的需求，实习用工具、箱包、书籍，你要什么，我便提供什么。当其他同学还只是在与书本奋斗时，我却把校园当作商场。当时，还真没有哪个学生像我这样想，因此，我所做的事情一个竞争对手都没有，或者说是零竞争。

那时,作为学生有自己的收入,那是个什么劲头！世界别提有多亮堂了，在印尼美丽的海滩上，万里晴空，无云阻挡那一轮皓月。

# 在校园销售医疗用品

医学是最昂贵的专业，尤其是口腔医学。做假牙的实验室材料如石膏和蜡，实际上是学校提供的，但在实习培训中，各种工具和材料绝对必须是学生自己买。这些东西并不便宜，因为是进口的。而几乎所有的学生都没有收入，经济来源全靠父母。我除了看到这个商机外，也想帮助同学们。

为了销售牙科用品，我们必须有从进口商那儿买这些东西的供应商，但我一个都不认识。这是我从未涉足的新领域，不可能直接代销，一定要提前支付。此外，启动资金也不够。作为一名学生，要得到供应商的信任并非易事，因为靠学生证来担保，肯定不行。

正好，我们口腔医学院的小班校友薇拉的父亲是陆军负责口腔健康事务的领导——准将级牙医萨尔卡威。当时在苏哈托总统的领导下，与其他军种比较，无论是在印尼武装部队机构还是新秩序政府的运作方面，陆军的权力都很大。在这个位置上，他肯定与为全印尼陆军供应口腔卫生用品的商人有很多联系。我必须接近他。我请求薇拉把我引荐给她父亲。感谢真主，我总算和她爸说上话了，我谈了我们的问题，以及我帮助同学们的意图，希望他能把我引荐给进口商并得到他的担保。

"大叔，一直以来，学生必须到商店里购买各种实验用品，那是比较贵的，而我们大多数人并没有那么多钱，父母的汇款往往是不够的，所以有一部分学生由于没有工具和材料而不能跟上实验课。我很替他们惋惜。"

　　他显然被我说动了心，终于，他邀请我去见一个进口商。

　　"请你给他（指我）所要的东西。我做担保。"

　　萨尔卡威先生给进口商的就是这么干脆的命令，不容推托。门终于打开了，我真高兴。

　　于是，我开始进货。这些实验室用品包括镊子、石膏、蜡、牙挖匙等等。我卖给朋友的价格比他们通常在商店买的便宜。不仅如此，我还给他们三个月三次分期付款的优惠。当然，也有朋友推迟付款，但感谢真主，几乎没有一个人不付款，因为如果不付款，我是可以拿回商品的。而如果这样，他们将不能参加班里的实习。

　　这就是我把事业发展到校外的基础。下文将细述。

于是，我开始进货。这些实验室用品包括镊子、石膏、蜡、牙挖匙等等。我卖给朋友的价格比他们通常在商店买的便宜。

# 因为有将军的帮助，我两个朋友的公民课终于及格

**5**　　回顾过去，我和朋友们的关系非常密切，我们互相帮助。有一次，阿林和瓦提跟我套近乎，要我去找公民课老师苏纳迪将军，帮他们加分。

那时他们的分数是 D。谁都知道，公民课在口腔医学院不是主课，也就是普通基础课，但它能决定是否能在印大继续学习，还是决定能否毕业的因素之一。

阿林和瓦提找我帮忙，是认为我有广泛的人缘，交际能力好。我答应他们了，但如果我都不知道我所要寻求帮助的爱好是什么，我当然不可能随便就答应。

见面之前，我有意识地去研究有关武器和战争的知识，因为当时战火正在阿根廷的马尔维纳斯群岛肆虐。我特地通读了一些书籍，积累许多与将军见面时可能会涉及的武器和战争话题的资料。我只是一个学生，而谈话对象将是一位经验丰富的将军。说真的，我不想被人看不起。

没想到谈话在勒姆汉纳斯大厦他的办公室里持续了一个多小时之久。阿林和瓦提静静地坐着，偶尔插话，这并不重要。我的主要目的达到了。

"您看，先生，我这两个朋友的公民课得了 D。他们当然不及格，必须留级，但我敢肯定，他们具有理解和评价公民课的基本能力。"我对将军说。

"哦，是这样的吗？"将军问阿林。

"是的，先生。"阿林和瓦提异口同声。

"那么，你们说说你们所知道的，什么是公民课的主要支柱？我想听你们亲口说。"将军说。

"是这样的，先生。国民生活的八个方面由自然方面……组成……" 阿林流利地回答。

"嗯，这是它的核心，反正你们都知道了。好吧，这个问题就这样了。回头我和学校说说，让你们及格。"将军说着，结束了和我们仨的会见。

果然，阿林和瓦提不知通过什么方式及格了，虽然只得到 C。

我特地通读了一些书籍，积累许多与将军见面时可能会涉及的武器和战争话题的资料。我只是一个学生，而谈话对象将是一位经验丰富的将军。

# 模范学生、积极分子兼商人

校园形势发展很快。我被选为口腔医学院1981年级主席，接着又成为印大全年级的主席，兼任印大学生会执行主席。那时这对于印大来说是件大事，因为相比于印大其他院系，口腔医学院从来就默默无闻，更不用说出了那么大的动静。

1984年，我再次当选为全雅加达的大学生协调员。怎么说这也是一种社会政治活动，当然不能不干。同年，经过各种严格挑选，我当选为全国模范学生。

此选举是1984年8月17日印尼独立39周年的系列庆祝活动之一。我们这些印尼全国各学校选出来的学生，被隔离了一个星期，以演讲加演示的形式进行比赛。不要以为有星级酒店，隔离地点在武吉杜里地区的一间宿舍，在雅加达第八高中附近。

高等院校的"三义务"，即教育、科研和社区服务，是演示比赛的主要内容。如果没记错的话，我演讲的主题是"学生在国家发展中的角色"。

我学过表演艺术，学过一些世界级思想家的学说，看来都派上了用场，谈论国事还不觉得太难。只是有点小问题：书法和素描较差，而美学在演示质量的评估中分量也不轻。

这时我想起了哈迪·维达阳提，他的昵称叫"维维特"，是我读初中时在童子军里很活跃的朋友。他的书法和绘画都特棒。用我的内容和思路，结合维维特透明纸上的好素描，就是一套丰富多彩的演示，通过投影仪展现出一系列朴素而优美的图片，将产生提纲挈领的效果。

哈比比先生当时是苏哈托先生的"金童"之一。这位聪明绝顶的"金童"从德国被调回国，被委以科研部部长之重任，总统要他通过优化高科技建设印尼。技术评估与应用机构（BPPT）是他牵头组建的，演示的评审团大部分来自BPPT。显然，我的好内容加上维维特漂亮的素描征服了评委。我宣告胜利！

作为奖励，我和其他选手一起出席了纪念印尼共和国独立39周年升旗仪式，并得到一个奖牌。现在我还珍藏着由教育和文化部部长弗阿德·哈桑博士签署的这块奖牌。

## 抵制马靴进入校园

校园内传闻，努格罗霍·诺托苏桑托少将将取代马哈尔·马尔佐诺博士，出任印度尼西亚大学的校长。似有暗潮涌动。那时，虽然我在口腔医学院才刚刚读大一，但已经是1981年级的主席。

学生会立即开会。我们虽质疑这是搞军国主义，但绝对不是因为努格罗霍先生本人。我们很快做出决定：罢课。然而，我们知道，如果罢课，并非所有学生都会参加。怎么办？在同学们的支持下，我们连夜组建了小团队，把所有进入学院的门不仅上了锁，还焊死了。

萨伦巴校区的情况可以说是被我们控制了，没有一个人去上课。入口都焊死了怎么还有可能上课。虽然在学生会的会上大家都通过了，但在拉瓦曼根校区，情况却不是这样。同学们很快聚集，开了一个短会。会议决定，我们要举行一次从萨伦巴到拉瓦曼根的"长征"，迫使不罢课的学生也罢课。

各部门的任务也都讨论通过了。我负责组织集合群众并领导1981年级学生从萨伦巴到拉瓦曼根的长征。高年级学生同意在拉瓦曼根接应从萨伦巴来的队伍，这样我们就可以直接进入大门。

那天，在炎炎烈日下，我带领数百名学生步行，堵塞了从萨伦巴到拉瓦曼根的沿路街道。我们起劲地走着，一边高喊口号和发表演讲。

抵达拉瓦曼根时，我十分震惊，因为居然连一个高年级学生都没有看到，而他们那天晚上参加会议时都已答应在拉瓦曼根校区负责接应的。当时我十分生气，因为觉得被自己的战友背叛了。

我那时还太年轻，还很理想化，更确切地说是单纯。然而，从这件事我学到了非常宝贵的经验教训，永远不会忘记。政治是险恶的。这还仅仅是在学校，国家级的又会怎样呢？再进一步，世界级的政治又会怎样？

后来，我们对努格罗霍·诺托苏桑托调任印大新校长的抵制，由苏哈托先生亲自干预，通过和平对话的方式得以解决。我与学生代表们一起，与这位与新秩序时代历史有关的将军努格罗霍·诺托苏桑托进行了数次对话。

对话时，我们这帮学生血气方刚，辛辣的骂声和拍桌子的声音十分刺耳。有一件事直到今天我还要表示敬意。努格罗霍面对很多学生的压力，始终保持冷静，清晰表达他的思路，甚至与学生们周旋时还面带微笑。总之，他特能沉得住气。真了不起！

萨伦巴校区铁栅栏外，若干坦克已进入戒备状态。校园大门上了锁，由许多学生活跃分子组成的人墙围着。实际上，我们出不去，外面的人也进不来。

一连几天我和我的朋友们都没回家。到了晚上所有的学生聚在一起，轮流对全体人员做各种鼓动工作。晚上对精神进行打气，白天对身体进行锻炼。就这样我们在校园里躺在标语横幅上睡觉过了好几天。幸运的是，我的父母并不担心，因为他们秉持的原则是"男儿长大了由他去，他已经能够照顾自己"，我听到我父亲就是这么说的，言犹在耳。我的父亲出生在北苏门答腊省中塔帕努里的实武牙。

此次校园活动的结果，是我们不止一次两次地与警察、情报机关打交道。我们被威胁开除学籍、拘留，甚至枪毙。像这样的心理压力，我们根本不怕。相反，我们看到前辈学生被捕时，他们很骄傲，像个英雄。而我自己，自幼生活一直过得这么辛苦，有厚重的艰难人生现实的积累。因此，我已经能对付这种压力。

那时虽然我们自以为强大，却仍然无力对抗苏哈托先生以军队作为其主要工具的坚强领导。苏哈托先生面对国内外各种压力而岿然不动。努格罗霍终究接替了马哈尔·马尔佐诺，正式成为印度尼西亚大学的新校长。

努格罗霍努力接近我们学生，做思想工作。渐渐地，复课，一切恢复正常。然而，努格罗霍当印大校长的时间并不长，因为他后来又被苏哈托任命为教育和文化部部长。接替努格罗霍的是印大的第一副校长苏如迪教授。

我从在校到毕业，与苏如迪教授的关系很密切。我的医学文凭就是苏如迪教授签署的。不仅如此，我还和他继续保持联系，建立友谊，甚至把他当自己家人。

前财政部部长马利·穆罕默德现在是伊斯兰梅加银行的主任专员，他熟知我在与苏如迪教授一起管理印尼红十字会（PMI）时的关系不错。有一次，他们当中只能有一人将被任命为 PMI 的董事长时，我居然成了他们俩的调停人。最后以协商一致的方式决定：马利先生为董事长，苏如迪先生为副董事长。

友谊并不受距离、时间和年龄的限制。当苏如迪先生成为印大校长时，我还是一名学生，后来发展到亲如家人，直到他于 2007 年 6 月 23 日去世。我把苏如迪教授送到他最后的安息之地卡利巴达英雄公墓，让他"面圣"去了。苏如迪先生一路走好。

## 语言资本

我的资本只有语言，只是声音，没有丝毫损害别人的念头。这是我扩展友谊的主要支柱。不仅在校园内，而且在纵横各个方向都发展友谊。因此，我可以在大学进行学术活动的同时，兼做商务活动以及组织各种社会活动。

在 1981 年，加隆贡火山爆发。我记得那时阿林和费萨尔·加扎里·阿布巴卡尔是先遣队成员，要把捐款送给西爪哇打横市的灾民。捐款是印大学生募集的。

当时我们在印大口腔医学院才上第二个学期。我们不得不步行好几个小时，晚上冷得发抖，伸手不见五指，只能借助萤火虫的光。我们浑身裹着尘土与臭汗，因为从早晨就没洗过澡，还好几天几乎没合眼。

在居民家留宿，洗澡，吃饭。感谢真主，各地居民非常友好，知道我们的到来只是想帮助他们。完成任务后，我们必须回到离灾难中心几千米的路边，等待搭乘公交车或任何便车包括卡车，返回雅加达。

在 1982 年，印大口腔医学院又出现了一次突破。我们在印尼一些地区为社区做调研、咨询以及牙科服务和治疗。我们做社会工作的地方离萨伦巴校区很远，要漂洋过海。

我们把明古鲁省作为试点，然后制定更大的工作方案，推广到其他地区。我们把社会工作从明古鲁省推广到西苏门答腊省的一些市县。那是在 1983 年，我在印大口腔医学院刚准备上第 6 个学期。

我们一起做计划，分配任务给由数十名学生和教员组成的志愿者队伍。在西苏门答腊，我们在几个不同的地方工作，从索洛克、武吉丁宜、帕里亚曼，直到巴东全城。因为必须同时在这几个地方进行工作，当需要对财物进行分割时，相当伤脑筋，因为它也涉及资金的分配问题。

这个资金问题十分复杂，因为虽然有政府出资，但印大并没有足够的钱支持我们开展这么大的社会活动。此外，我做人的原则之一是不要打扰别人。最后，我们成立了一个专门筹款的团队，被称为"资产阶级学生群"，主要靠富裕家庭同学们的帮助。

资产阶级学生以挥霍的生活方式而著称，无产阶级学生则花更多的时间在学校学习和参加工商业和社会活动。这些活动大部分都是我领导。我自己当然属于无产阶级学生群，但我努力融入这想象中的两大阵营。

资产阶级同学家长的网络，对于联系资金拥有者非常有帮助，尤其是赞助我们开展社会活动。

## 被指责为告密者

现在我想谈谈另外一件我认为是很重要的事。有个学生吸食毒品被抓了个现行。他们中有一人挑动说是我向校领导报告了："这肯定是凯鲁干的！"

幸好，在事态尚未扩大到不可收拾之前，印大口腔医学院负责学生事务的院长助理穆罕默德·阿里芬先生及时澄清说，确信我不是告密者。事实上也确实不是我，天晓得是谁干的。

## 地区社会活动

我们回过头来谈论在西苏门答腊的社会活动计划。一方面，无论是交通还是住宿等，我不希望志愿者过得太辛苦；另一方面，我也必须确保工作质量，不得草率。这样的组织工作并不轻松，真的很伤脑筋。我们的整个团队，搭乘一艘船"克林吉"号前往西苏门答腊。

我自己所领导的先遣队的研究结果表明，当时要请西苏门答腊人一起合作是非常困难的事，比明古鲁人还难。然而，它终究没有成为一个障碍。

活动开始之前我见了当时西苏门答腊的省长阿兹瓦尔·阿纳斯，他叮嘱说：

"凯鲁，如果你在西苏门答腊做此社会工作取得成功，那么你在印尼任何地方都能更加成功。这里（西苏门答腊）的人往往更难把握。你可以先抓他们的'头'，那'尾'你能不能把握还没准。有一个很简单的诀窍，就是尊重当地的习俗。"我点头称是。

朋友们的社会活动开始了。每个团队分配任务，平均在一个指定的地方干一星期。看起来大家都喜欢这样。据他们介绍，我们做社会工作的所在社区也很高兴。这项活动很成功，因为这地方从未有人像我们这样系统地开展社会工作。难怪我们所实施的计划后来成为印大口腔科开展学生活动的样板。

我们把所有的活动报告编写成了一本书，内容全面而透明，并且装订漂亮。不知道现在这书是否还存在印大萨伦巴校区的图书馆里。

我从口腔医学院毕业后，像这样的各种活动还继续进行着。我还记得大概1987年，就在我毕业前夕，我们在印尼东部的西努沙登加拉省还进行了类似的活动。我们有个同学的父亲担任武装部队总参谋长。在这位同学的帮助下，我们志愿者团队随物流一起，使用大力神飞机从雅加达哈林机场出发到西努沙登加拉省。

这次活动还是由波伊发起的。我的毕业典礼刚过了一天，他就来找我，谈论活动计划，并要我帮助协调，因为他认为只有我能胜任。

年轻人哪有干了大事后不好好放松一下的？西努沙登加拉任务完成后，我们特意经停巴厘，在众神之岛享受一两个夜晚，然后坐火车返回雅加达。

## 在东帝汶的社会服务活动

1993年，帕拉集团已经成立，我在市区总部办公。波伊来找我求助，他要组织我在大学做过的那类社会服务活动。这次是去东帝汶，印尼最年轻的省份（当时东帝汶尚未宣布独立——译者注）。当时波伊担任印大口腔医学院负责学生事务的院长助理。

如果不是波伊打电话来寻求帮助，这事也许跟我没什么关系。想到在大学初期他所做的服务工作以及1983年到1985年我们之间的亲密关系，我答应了。他知道只要是我答应了的事，我肯定会全力以赴做好。

就算是念旧吧，我又回来做协调了。从海陆空交通运输、物流，到给学校志愿者提供指导。有些人不喜欢，提出异议，因为我已成了外人。"放心，这事我来处理，你就放手干吧。如果他们中有谁能干得和你一样好，我也一定不会去求你。你从头到尾都知道的，如果没有你我哪敢干？"波伊安慰我说。

此项活动的协调工作我在帕拉集团我的办公室一直干到深夜，甚至到凌晨三点。我知道波伊和由一些学生组成的核心团队不习惯工作到这么晚，但我认为他们应该接受我的工作方式。

在东帝汶的社会服务活动是我最后一次做，因为一年后我结婚了。后来我提出，印大口腔医学院的社会活动要由学校里的年轻人来接班，坚持下去。我则把自己的时间真正用来关注我发展中的企业。

## "邋遢"

波伊自从当了老师，又开了牙医诊所以来，邋遢得出了名，甚至有时还不修边幅。1987年，他从患者那里感染了乙肝病毒，因为干活时老不爱戴手套。我去波伊在德波区芝芒吉斯的家接他，把他带到加尼医生那里。此后，我们没有再见面。最后一次见面是在2005年我父亲去世时。那次是波伊去澳洲读了五年书后回印尼，只待了短短一星期。现在波伊已经是60岁的教授，再有5年他就会从印大口腔医学院退休。他到现在还说我是神童，我真搞不懂他是什么意思。

## 1984年第一桶金

1984年，我收获人生中第一桶金，通过积累若干生意的收益，校内和校外的，包括当小型承包商的。这年我还买了第一辆车，1976年推出的浅棕色本田思域，价格360万卢比。爽！

我带着自豪感，第一天就把车开到校园去显摆。然后，我邀请了一些朋友游车河，去巴刹巴鲁市场吃饭，买雷朋太阳镜。年仅22岁的学生，便能靠自己的努力买车。感谢真主！

两年后这辆车玩腻了，我看中了1981版的本田雅阁。尺寸相当大，方形灯，那时是相当高级的。我开着这款车到各处去，包括去管理建设项目，但后来被迫于1987年卖掉它，那时我在茂物芝德乌勒普地区建筷子厂，企业遭遇破产。

## 二手车买卖

父亲曾供职于小型交通运输业，我从他那儿耳濡目染学了些东西，从运作公交车到车展工作，于是，我也拓展销售二手车的业务。在这行当里，我还学会了一些小骗术。用水泥纸修补二手车车身，然后抹上厚厚的泥子。

先是有 X 大队的 10 个人帮助我，后来人数自然缩减，剩下我、费尔蒙和莫伦继续干。费尔蒙是巴东人，大学时我就发现他会做生意。他的背包里总是装了很多贴纸，放学后他就在拉瓦曼根终点站周围销售，他几乎每天都在做。

为了做汽车买卖，我们仨一致同意在拉瓦曼根地区租房子。在院子里可以放一些要修理的汽车。每辆车修好后，送到门腾区苏门答腊路莫伦岳父家。为什么在门腾区销售呢？因为在那里汽车价格高些。

我们在报纸上刊登的每个促销广告总是提到我们卖车的地点是在苏门答腊路那位老医生家。现在费尔蒙已在南苏拉威西马穆朱任首席医疗官，而莫伦 1986年结婚，1990 年才从印大口腔医学院毕业，比我晚了三年。

我们一个月卖 3 到 4 辆车。我分配利润非常透明，甚至就当着莫伦妻子的面。其实莫伦认为，买卖汽车是我为了帮助他而发起的业务，因为他有了家庭负担。资本和办企业的所有主意都是我出的。虽然没有在纸上明确规定，但我肯定是把卖车的利润，除了应留下的现金外，平均分配。我预留了利润的 10% 给总是用作卖车点的莫伦岳父家。这也完全是我的主意，作为对莫伦家的一种褒奖。我把他们看作亲人，甚至比莫伦自己更亲近他岳父母。

在 1986 年，我们平均每人分得 100 万卢比的利润。那时算是不少了。

当然莫伦还存有一个他永远不会忘记的故事。他是证人之一，知道我刚到口腔医学院上学时，只有黑色和棕色两条牛仔裤。

我父亲在巴杜杜利斯见到莫伦时，常让他给我带信儿。父亲用巴达维方言说："呐，麻烦你提醒凯鲁不要太专注于自己的生意。首先要学好功课。告诉他，我等他拿文凭。"

然后我对莫伦回答说："好，叫他放心吧。"

一年后，我把口腔科毕业文凭给父亲看，虽然参加了许多社会活动、组织活动和一些生意，我的成绩并没让人失望。

有一次我们倚着正在修理的车，坐在地上休息，身上满是汗水油泥灰尘，我跟莫伦说的话，他应该还记得："莫伦，我真的很讨厌贫穷，请你也记在心里。我渴望有朝一日拥有商场、银行、报纸和电视台。"

　　在大学时代我确实有很多理想和期望，高高挂在天上。我努力去够所有这些愿望。感谢真主，由于我努力工作，现在这些理想正在实现。

　　自从和莫伦成了朋友，我总是提醒他不要过消费性生活。所以，有一次我到日惹参加莫伦家里的婚礼，当莫伦的妻子买很多纪念品时，我也提醒她不要太铺张。

　　其实，从1986年我们就有住在门腾的念头，那时我经常去莫伦岳父家，那是我们卖二手车的地方。二手车买卖干了大约一年。此后，莫伦岳父在门腾街上的房子也卖掉了。其实我真的很想买那间房子，但那时我还没有钱买在门腾的房子。

我那时还太年轻,还很理想化,更确切地说是单纯。然而,从这件事我学到了非常宝贵的经验教训,永远不会忘记。政治是险恶的。

1987 年在印度尼西亚大学口腔医学院毕业典礼留影

# 印尼的地中海贫血症

**7**

在不违反官方和非官方规定的前提下，我努力开展所有的学校活动。为了避免犯规，必须深入了解校情。我必须主动与各方面联系，包括各管理层。其中一个人是牙科医生穆罕默德·阿里芬，时任负责学生事务的第三院长助理。除了波伊是我的老师兼战友外，阿里芬先生是我最常联系并能一起深入探讨各种问题的人。

有一次我和他聊天，话题转到他的家庭私事，涉及他的三个孩子患重型地中海贫血症的问题。其实，我早就听朋友们传说这事了，这已经不是什么秘密。这次，是第一次听到阿里芬先生本人深入谈论。

他的大女儿 1971 年出生时，是个正常的健康婴儿。进入 9 个月龄时，开始动不动生病。偶尔好一些，每隔几天背部就疼起来。此后她生病愈加频繁，几乎每两个月一次，甚至更多。

有个蒂杜大夫，是在欧洲的大学毕业的，对地中海贫血有很深入的研究。他怀疑阿里芬先生孩子的病情与此有关，建议做全面的血液检查，最后果然呈重型地中海贫血阳性。这是在孩子四岁半时发现的。

地中海贫血还不能说是"病"，而是遗传因素造成的异常现象。每个人就像其他生物一样，携带着一系列的特性载体基因链，而地中海贫血的成因，是基因链中有缺陷。骨髓产生血红细胞本应强劲和完整，却出现了异常，产量小，并容易被破坏。这会使患者的皮肤变得很苍白。

正如依斯干达·瓦希蒂瓦特教授所描述的，根据许多患者的经验，"通常，被确诊患上重型地中海贫血后，最多只能再活七八年。这还是在接受日常治疗护理的情况下"。

听到这些，阿里芬先生感到非常震惊。真主啊！阿里芬先生堪称勤勉朝拜，并通过做尽可能多的功课向安拉奉献一切最终成果。他去意大利参加了地中海贫血症会议，亲眼见到一个已经活了 60 多年的患者之后，他的这种精神得到进一步提升。

他的大女儿每月至少接受一次输血，而这个过程导致铁元素的积累，对身体有毒，时间长了肝脾会肿大。为了中和铁的作用，患者一般要接受长达 10 小时的输液，输入一种叫作除铁灵的药。

由于阿里芬先生和家人的毅力和耐心，他女儿活得远远超出了依斯干达教授的预言。阿里芬先生所钟爱的大女儿 27 岁时，在婚期之前一个月去世了，因为她的心脏顶不住过多的铁含量。

他的第二个孩子还是女儿，也不比她姐姐命好，也检出地中海贫血阳性。她只活了 5 个月便夭折了。

1984 年，印尼了解这种疾病的人还很少。当时的研究报告指出，印尼总人口的 7% 是重型地中海贫血基因携带者。1.615 亿印尼总人口的 7%——根据国际货币基金组织的数据——即 1130 万名印尼人受到威胁，这是一个很严重的情况。

我和朋友们讨论后决定，我们必须做一些事情，至少要先向社会传播有关知识。我找到阿里芬先生，问道："先生，我和朋友想举行有关地中海贫血症的研讨会，您觉得怎样？"

"哇！好啊。我全力支持。"阿里芬先生激动地说。

朋友们很兴奋，尤其是因为我对受害者的父亲有直接而详细的了解。印度尼西亚大学教员属国家公务员，工资是很低的。阿里芬先生的女儿进行常规治疗对他来说负担已经很重。想想父母知道自己最心爱的孩子不久就会死去，是个什么心情？而这也是我行动的主要推动力。

计划酝酿成熟。我做了详细规划，包括如何获得资金，其中之一是动员朋友们的家长，有钱和有影响力的。

简而言之，即计划在"伊拉斯谟之家"举办主题为"地中海贫血"的研讨会。这在印尼是第一次。后来朋友们说，是次活动的与会者们通过国家和地方媒体大量进行新闻报道，非常成功地激发了全社会的热情。

努科利什·马吉德是主讲人。他的一个演讲主题到现在我还记得："从宗教的角度，如果知道胎儿带有此疾病的种子，估计会给活着的人带来很大的痛苦和麻烦，那么经过同意，可以终止妊娠。"

万事俱备，只欠东风。广大群众已经了解，不能再听之任之了。我突然有个想法，和往常一样我第一时间告诉了阿里芬先生，因为它涉及学生活动，是实施高等院校"三义务"之一，即"为社区服务"。

我进了阿里芬先生的办公室，坐在他的办公桌前。"先生，我想举办为地中海贫血症患者筹款的晚会，行吗？"

"当然好啊！"他回答说，眼镜后的眼神很坚定。

阿里芬先生非常支持这一崇高的计划。我自己除了希望得到帮助，没有利益，完全没有，更不会有什么个人经济动机。

我觉得这个活动应该比研讨会做得更大，当然也应该更成功。为了把活动办大，只靠印大的力量是不够的，必须扩展到其他大学。另外，也不能只局限在雅加达，而是应该把影响扩大到全国。

我在全雅加达市各个学校联系了许多朋友，包括在穆斯托坡大学、特里萨克蒂大学等。筹备过程很长，花费了大量的时间和精力。分工和工作方式我做得很系统，涉及方方面面。

虽然已经部署了一个全雅加达的学生团队，但加上我在各学校做报告和联系工作等，筹备和找钱办活动的过程还是很长。终于，在1985年举行了为地中海贫血症筹款的晚会，举办地点在婆罗浮屠酒店，主题是"地中海贫血和热爱印尼产品"。

有一位口腔医学院的老师埃特纳·吉亚特纳，直到现在我仍然与他联系密切。他是吉南扎尔·卡尔塔萨斯米塔先生的弟弟。吉南扎尔先生时任加强国内产品使用事务部的副部长。由于有埃特纳帮忙，我会见了吉南扎尔先生并有机会向他介绍了活动计划。他讲得非常好："行啊，还可以用国内生产做主题，到时候我来支持。"

吉南扎尔先生直接把这事交代给他的秘书古姆哈尔·扎米尔先生办理。古姆哈尔先生立即为我写介绍信给几个大老板。由此我结识了印度尼西亚阿斯特拉国际首席执行官泰迪·拉赫马特先生。

我通过许多朋友的个人关系或通过他们的父母发出邀请。不得了，当晚有四位部长出席，当然包括吉南扎尔·卡尔塔萨斯米塔先生。更令人鼓舞的是，这些部长捐出了自己的私人物品拍卖给与会者。

在苏哈托总统新秩序时代，部长的地位和角色备受尊敬。如果一项大活动只有一位部长出席，那分量已经相当重了，更何况我们这活动有四位部长出席。而这只是国内举办的活动，参加者多是社区领袖、政府官员和商人。那天晚上，感谢真主，我们成功筹集了 1.2 亿卢比。这在 1985 年是一个相当大的数额。

那首"我爱，你爱，大家都爱印尼产品……"的歌曲在本次活动上第一次唱响整个印尼。

为确保按计划进行，我直接监管每个细节的落实，可以说就是整个活动的总组织者。我们使用了多台摄像机、切换器并投射到大屏幕上。所有人都挺兴奋，很多人说，像这样的活动采用舞台表演的形式，那时在印尼是一流的和最复杂的。所有这一切，如果没有朋友们的辛勤工作和一位老朋友在美国学到的舞台演出艺术，是不会成功的。

募集了 1.2 亿卢比的善款后，我直接交给阿里芬先生。然而，阿里芬先生婉言谢绝，并建议此款直接用于帮助大多来自贫困家庭的地中海贫血症患者。"我不能接受这笔钱。我带你去集普托·芒昆库苏莫医院（RSCM）儿科主任依斯干达·瓦希蒂瓦特教授那里，一起来讨论这个问题。"于是我们去了 RSCM。

阿里芬先生代表我和几个朋友主谈。

"是这样的，教授，我们要捐助地中海贫血患儿。"

"你们有什么计划？" 依斯干达教授问道。

"教授，最重要的就是有利于患者，但除此之外，还应该有重大的纪念价值。"

"那是什么？"

"根据我们内部讨论决定，我们要为患者建专门的大楼，因为直到今年（1985年），我们还没有治疗和护理病人的房子，特别是输血间。一直以来只能在 RSCM 医院大楼里凑合住，也只给了两个床位。"

"好！我支持这个计划，但必须通过院长同意，我没有那么大权力。应该很快就能见到他。"

印尼的地中海贫血症患者占总人口的 7%，是相当大的数量。同时，迄今尚未有任何一家专门的机构，无论是政府还是私人的，能提供最佳的服务。在RSCM 医院治疗也是住在普通病房，输血的床位也只有两个，这种情况远远满足不了需要。

有鉴于此，我们认为，印尼必须有专门的设施，从最近的地方即 RSCM 医院开始。我和阿里芬先生直接与 RSCM 医院院长卢克蒙托教授联系。见面时，我们以 1.2 亿卢比募集到的善款，向他提出了在 RSCM 专门为地中海贫血患者建设治疗大楼的计划。不幸的是，他不同意，理由是 RSCM 医院的发展规划中没有这项目。

我此前对各种形式的拒绝已经司空见惯，RSCM 院长的决定未能阻止我。"想为共和国做贡献还这么难。这事没必要通过 RSCM 的院长。为什么不直接找卫生部部长？"我的建议立即得到阿里芬先生的赞成。

第二天，我们就来到卫生部求见部长。但是，接待我们的是医疗服务总干事伊萨医生。"伊萨先生，是这样的，我们学生举行募捐活动，打算为地中海贫血患者建专门的大楼。我们认为这件事很重要，因为长远来看，这会影响国家的生产力，而且，到现在为止，我们还没有专门的设施。很遗憾，我们的计划被RSCM 医院的院长否定了。"

伊萨先生仔细聆听。"这好办。不用去找部长。没问题，我来管。这样，我们举办一个小型论坛，我来邀请各有关方面有权力的人。" 伊萨先生的话放松了我们有几分紧张的神经。

由伊萨先生发起的会议上，我们各大学、卫生部的有关负责人，还有 RSCM 医院的院长，都出席了会议。会议决定，卫生部批准我们的计划，为地中海贫血症患者建立专门的治疗大楼。感谢真主！

1985 年成立了大楼建设委员会。阿里芬医生被任命为建设主管，而我自己被任命为建设董事长。然后我马上联系了设计大楼的工程师。在 RSCM 医院为地中海贫血症患者建了一幢二层的大楼。一楼用于实验室和行政办公室，楼上用于治疗。

自 1985 年以来，印尼拥有了一幢专门治疗地中海贫血症患者的大楼，有 20张病床并配备了良好的设备、冷藏间，并有音响系统为患儿创建舒适环境。据我所知，此新大楼是亚洲最大的地中海贫血中心。

## 成立地中海贫血基金会

1987 年我们成立了地中海贫血基金会，负责筹款，以帮助患者得到医药治疗和护理，并把组织工作发展到印尼全国各地。基金会管理层来自不同的背景，其中一个主要领导是雅加达特区前副省长穆森诺先生和他的妻子。

阿里芬先生的第三个孩子是男孩，从小也被诊断为重型地中海贫血症患者。他经常在我们所建的设施齐全的新大楼里接受常规治疗，他觉得非常舒适。直到写这本书时，阿里芬先生这个儿子已经 35 岁，结了婚并有了孩子。阿里芬先生有个 5 岁的孙子，过得很开心。

为了确保服务运作正常，我预留了一点收入，在 1997 年底通过基金会捐了出去，因为我认为它已经能够独立，捐献者已有不少。在 2011 年年底，我抽空去拜访了地中海贫血基金会的朋友们，主要是回忆和聊天，以确保一切顺利。

到现在为止，我认识几乎所有在 RSCM 医院的血液科医生，从最初级到最高级的，其中一位是依斯干达·瓦希蒂瓦特教授。此外，还有儿科医生查雅迪曼·加托特教授，到现在为止，他每次给我孩子检查身体从来不接受我付款。

地中海贫血治疗中心的专项建设以及成立地中海贫血症基金会，是我在印大校园里诸多社会活动的"收官之作"。1987 年，我毕业于口腔医学院，正式成为牙医凯鲁·丹绒。

我已经把阿里芬先生看作家人、朋友兼父亲。我俩经常互相串门。我大学毕业后，还常去看望他，一起谈论校园的发展变化，也谈论私事。

在校园里，我还能经常见到早年毕业的校友。像往常一样，我们聚集在学校食堂托伊卜小吃摊。我们在那儿畅谈各自的见闻。我谈论得更多的是正在开展的各种业务，并非有意炫耀，而是希望这些故事能给校友们带来动力。

在我做生意的过程中，也曾有过教书的念头，以期牙科知识不白学。此外，我认为最好的学习方法就是教授。拥有牙医学位，最理想主义的方式，是到印尼偏远地区的卫生院去为当地百姓服务。

我就这些选项征求过阿里芬先生的意见，希望得到肯定的答复，虽然坦白说，我一直倾向于专心做一个商人。

"先生，现在我是在认真做生意，但同时我也认为应该去卫生院工作，为社区服务或去教书，例如担任助教，您觉得怎么样？"

"凯鲁，当老师要吃不少苦。首先，教育学生不像你想象的那么容易。其次，教师属国家公务员，工资有多少？去地方卫生院工作，也算了吧。如果我可以知道，你现在在做什么？" 阿里芬先生解释这些思路，就像父亲给儿子提建议。

"目前恰好我能从银行贷款共计 300 亿卢比。"

"那好啊，拿着。你比别人更喜欢搞经营，也有天赋，从刚上学时你便有这方面的实践经验。还有什么？把教书忘了吧，让别人去解决教育问题。要讲奉献，有许多方式可以实现。"

谈话结束了。在得到这样的精神鼓励之后，我更坚定了自己往企业家方向发展的决心。

在我与安妮塔的关系已经到谈婚论嫁时，我把她带到阿里芬先生家见他。阿里芬先生盯着安妮塔看，显得有点惊讶："呵呵，安妮塔，是你！你也是我的学生，凯鲁的学妹，对吧？"

"是的，先生。"安妮塔回答说，漂亮的脸蛋露出羞涩的笑容。

你比别人更喜欢搞经营，也有天赋，从刚上学时你便有这方面的实践经验。还有什么？把教书忘了吧，让别人去解决教育问题。要讲奉献，有许多方式可以实现。

# 在校外企业
# 第一次失败

## 8

在大学校园内做生意成功后，我便尝试扩展到校外，办正规的企业。外部竞争肯定很激烈，不像在校园里那么容易。说实话，我那时的目标不仅是利润，更主要的是风格。首先建立的是CV。使用"CV阿巴迪医疗及牙科用品公司"的英文名称，考虑的是如果能做大，立刻可以走向国际。

我们注入了波伊带来的一点资金，我忘了确切的数字，开始在斯年拉雅街上租了一间面积为 3 米 ×8 米的店面。一开始，我只限于在校园里安排配送。这次鼓起勇气拥有些库存。牙科用品是我卖的主要商品，因为这个领域我比较了解和掌握。没想到很畅销。

除了努力销售，我与朋友们联系，在校园里请他们吃饭的习惯仍在继续。其结果是，这间在斯年拉雅街的小店成了所有人，尤其是同学朋友们闲聚的地方。这些同学的习惯是白天闲聊吃喝，躺到晚上，甚至不回家。这儿太舒服了，什么都有。他们以我店的名义在附近下馆子，留下吃喝订单和赊账单。我想，算了吧，因为如果没有他们的帮助，我在校园里的努力早都白费了。

在商业界，这样的情况是不能容忍的。真的，财务记录显示严重入不敷出。最后，此小店再也坚持不下去了，我不得不沉痛地决定关张。我根据自己的判断，准备重新开始。显然校园外做生意和在校园里是不一样的。我从第一次失败学到了东西。

真的，财务记录显示严重入不
敷出。
最后，此小店再也坚持不下去
了，我不得不沉痛地决定关张。

# 教育从家庭开始

校外正式企业破产的第一次失败，是否会使我心烦、害怕、屈服、低头？当然不会。船帆已经扬起，开弓没有回头箭！我有顽强的信念，有纪律，有责任感，我一定要继续努力。

我所有的这些精神储备和战斗力，除了来自家庭，其中之一可能与我自小学至初中在凡利斯荷兰天主教学校所受到的纪律教育有关。我是穆斯林，我的祖母卡蒂雅是一名宗教老师，在巴刹巴鲁区提佩功路的公立学校教书。父母把我送到这些以纪律严明而著称的学校学习。这一切使我的立场和崇高理想都十分坚定。

祖母出生在北苏门答腊实武牙。祖父去世时，我的父亲阿卜杜勒·加法尔·丹绒才5岁。他们俩带着唯一的儿子搬到亚齐，最后才试图改变自己的运气，搬到首都雅加达。

上学前，我和姐姐凯莉·丹绒一起住在雅加达马腰兰区斯普尔第四巷。而父亲、母亲和弟妹们住在喀琅安雅尔。我有四个弟弟妹妹，即凯拉·丹绒、谢尔维·丹绒、卢克曼·哈基姆和奥奇·赫尔蒂安。宗教教育直接由祖母负责，她以教育严格而著称。我有时念诵古兰经不太认真，小腿上就会被她用扫把打出许多红杠。

当父亲、母亲、弟弟妹妹们决定搬到喀琅安雅尔去时，我和姐姐凯莉仍然和祖母住在一起，可惜我们的亲情终于不得不结束了。我在读小学五年级时她去世了。从那时起，我和凯莉回到喀琅安雅尔，和父母弟妹住在一起。

我还清楚记得，上小学时，家里曾叫我们在学校卖东西。这任务交给两个孩子，两人轮流休息，卖曼波冰、花生和各种点心。

我们俩休息好后，要报告销售情况并把钱存起来。如果东西卖完了，将得到一支曼波冰的钱作为工资。如果没有卖完，工资还是会给，也还是一支曼波冰。在这里，我学的不是名义工资，而是报告的责任，归还不属于我的权利。这便是我所受到的诚信教育。此外，是计算生意的盈亏。这是小学生不太容易做到的事。

当时，父亲阿卜杜勒·加法尔·丹绒领导一小型汽车展厅，我经常看到，当他发现同事犯了太离谱的错误时，他会明确教训同事。很多时候，我觉得这有点过分，但显然不是。教训必须直截了当，以便大家都能深入了解有关规定，确立愿景和使命并保证其实施。

不仅应该对孩子灌输诚实和正直的理念，对员工和同事也应该这样。它是阿卜杜勒·加法尔·丹绒建立的首要基准。如果诚信的理念深入人心，每个人都会自觉遵守，那就不需要强制命令，甚至也不需要过多的监管。这不是天真，而是理应如此。维护诚信、纪律、责任和毅力，必须在斗争过程中严格要求。这种鞭策我永远不会放弃。

## 频繁搬家

我小时候，我们家随着家庭的一波波经济衰退而频繁搬迁。这与其他孩子的童年差不多。

1962 年 6 月 18 日我在雅加达马腰兰区斯普尔第二巷出生，在斯普尔第四巷长大。同其他孩子一样，在那里我玩了很多游戏。做刀片——把钉子放在铁轨上，等列车钢轮把它轧平。学校放假时，与朋友们一起，从蓬古尔勿刹骑自行车到安佐尔，买便宜又健康的棕榈果吃。

读小学时，上下学从来没有坐过小汽车，因为我们家没有。接送我的是安娜姐姐，也是从实武牙搬来的亲戚，乘改装的小公共车。从一年级到二年级都这么接送，之后我就自己往返了。自 1962 年起安娜姐姐一直住在我们家，直到我 13 岁。

安娜姐姐习惯叫我"伊幼儿"，正当准备报名上古农萨哈里区桑塔·乌尔苏拉的幼儿园时，我一见到穿白色制服的荷兰保育员便哭，因为我属于那种胆小的孩子。不知道那时我怕什么，可能是看到她们的制服觉得像鬼神。因为每次送过去总是哭，最后只好作罢，不去幼儿园了。

我长大的地方马腰兰区的斯普尔第四巷145号，现在虽已易主，但模样依旧。1975年，我当时还在读小学六年级，和父母兄弟姐妹们住在一起。

## 父亲太理想主义

必须承认，父亲是个独子，很理想主义，甚至是太过理想主义。他是典型的"古人"，死抱着意识形态当准则，为了党的理想，甚至愿意牺牲任何东西包括生命。

我父亲原是巴刹巴鲁区大邮局的员工，还干各种副业。父亲顽强和坚忍都出了名，工作外还兼营报刊亭。不仅做代理，父亲后来还当了记者，还曾经开印刷厂和出版报纸。阿里·萨哈卜先生和阿尔丹先生便是阿·加·丹绒培养出来的记者。

父亲曾经得到一个马辰人的信赖。他委托父亲在芝普利尔地区经营管理铃木汽车展厅，但我忘了这马辰人的名字。

父亲是印尼民族党（PNI）然廷萨瓦勿刹区的主席。那时印尼共和国第二任总统苏哈托对报纸内容的管制十分严格。父亲办的所有报纸都受到检查。他破产了。所有资产都变卖，连一间房子都没有了。也许由于我父亲声誉不错，我们还能长期住在雅加达克拉玛特拉亚地区的一家旅馆。只有一个房间，浴室在外面。该房间挤了八个人，我的父母和六个孩子。

由于没有能力继续支付旅馆的房租，爸爸妈妈和弟弟妹妹们决定搬到巴杜杜利斯的阿布巷。那时，它是雅加达的一个贫民区。我们住的是我祖母的房子。妈妈很少抱怨经济衰退的形势，但那时我看到妈妈美丽的脸上的表情似乎有点伤感，看起来很累，不像往常一样开朗。我问她，更准确地说是我缠着她问，最后母亲说了："凯鲁，你有一点钱吗？妈妈没有钱了，今天早上花光了。爸爸的钱也花光了，一点也没有了。"

父亲被当局整得破产后，我没有怨恨。显然，这段经历对我来说是宝贵的一课。意识形态斗争必须现实点，不是"一口价"。建设祖国和奉献，不一定要急于把自己的意志强加在正在运行的系统上，不成熟和蛮干会破坏稳定。有很多方式可以选择，其中之一是做个企业家，就像我现在这样。

我们小时候住的几乎所有地方环境都很恶劣，我自然不可避免地受到影响，再加上我与同龄人相比，好奇心也太大。

父母所采用的教育模式，是言传身教，一般多要求行为举止要按照传统模式。我认为，他们所做的事，包括正式的和非正式的，都是一个教育的过程，让我至今仍受益。

祖母严格的宗教教育的积累，在天主教学校读小学和初中时的纪律，以及我所经历的严酷环境，都给我带来了非常了不起的、无法描述的内心体验。

我被赋予比同龄人高的个子，不知道为什么，我从小就很讨大人喜欢，因此我与那些比我大得多人，甚至长辈，都很容易相处。

父亲2005年2月15日去世，他一直是我早年生活的主要导师之一。他教导我，诚信、毅力和孜孜不倦的态度是怎样表现在日常生活中的。他把孩子们的正式和非正式教育看得高于一切。谢谢爸爸，谢谢妈妈。

父母所采用的教育模式，是言传身教，一般多要求行为举止要按照传统模式。

# 等爸爸回家缴纳
# 开斋节天课

**10**

初中二年级时那个开斋节前夜，父亲还没有回家。我独自在巷口焦急地等他，一边祈祷他这一次能带回钱，以缴纳我们家的开斋节天课。

我茫然地看着开斋节前夜别人家兴高采烈。同龄朋友们早已激动不已，有的人甚至雇了人力三轮车去游车河。

有好几次眼泪都要流出来了，感觉很压迫。有一个邻居发现了，要给我们家施舍，我谢绝了。"安拉，我们还能顶住。虽然没有钱，我们还是能设法找到。"我想。

感谢真主，开斋节祈祷前最后一分钟，父亲终于回家了，给了些钱缴纳我们家的天课。凌晨三点半，我叫醒还在梦乡的清真寺管理员，把这钱交给他，然后，大大地松了一口气。我虽然不能像其他朋友们那样有新衣服穿，也立即赶到清真寺去祈祷。"真主是最伟大的！我们的义务完成了，安拉。"

坦白说，这件事到现在仍然在脑子里"过电影"，什么时候也不会忘记。1984年开斋节前夜，巴杜杜利斯的清真寺分发布施时，我又做了同样的事情。我用一部分在校园获得的收入买了许多包大米，在巴杜杜利斯路6号旁边分发。

这些童年印象深刻的难忘事件，后来成为我生活的基础。1998年的经济危机期间，我决定实施梅加银行共享计划，部分也是基于我童年所经历的内心体验。

有好几次眼泪都要流出来了，感觉很压迫。有一个邻居发现了，要给我们家施舍，我谢绝了。

# 在凡利斯初中读书
# 和交友

按照父亲的安排，在凡利斯学校读完小学后，我继续在凡利斯学校读初中。我挺高兴，因为在这个初中男女生合班，而在小学时男女生是分班的。

凡利斯初中在古农萨哈里街 91 号，主要的招生对象是凡利斯和布迪穆里亚两个小学的毕业生。每个年级大约有 50 到 56 名学生。每一年级又分为两个班，即 A 班和 B 班。我分到初一 A 班。

这间荷兰天主教学校那时是雅加达质量最高的学校之一，其纪律水平之严和教学质量之高和我上过的凡利斯小学相当。

这所学校的学费肯定比国立的初中高，我忘了确切的数字。大部分学生都来自富裕家庭。他们大多数由家长甚至私人司机开车接送，而我则搭乘公交车。

因为自小学以来，我的同学多数比我年纪大，我习惯于与各个不同的朋友圈玩，这可能是我较容易与初中新同学打成一片的原因之一。尽管我知道自己家庭的生活水平与其他同学的不可同日而语，但一点也不自卑。

我在初中时有两个有影响力的同学，班邦·哈尔达万和安托。同学们自动地聚集到这两个人"麾下"，而不是和所有人打成一片。我不想搞帮派，并努力与这两帮人交朋友。虽然不是直接地，但是渐渐地，无论是班邦还是安托，最终都接纳了我，也包括他们的朋友。

在小学时，我作为一位后备童子军是很活跃的。在初中，类似的活动仍在继续，但我成了骨干童子军。我们每星期六下午训练，因为那天上午训练足球。

童子军训练像往常一样，学习行军，研究各种密码和信号灯；分为几个队：马队、猫队、鹿队等等。通过这些课外活动，我第一次和几个朋友一起到西爪哇展玉的格德山和旁格朗戈山爬山。

## 学表演艺术

每次纪念八·一七独立日，我校总要在各班级之间举办各种比赛。有一次，当时我还在上二年级，我们没有考虑要参加什么比赛。

我同班同学佩里塔建议我们去找他哥哥培训——他哥哥是剧场的老师，名叫严·达尔约诺，是崩克尔剧场的，师从仁达。我们叫他严先生。我们中有许多人参加训练，包括班邦和佩里塔自己。几乎每次返校，我们都抽空去训练，不是在学校，就是在一些朋友的家里训练，比如在班邦家里。

班邦家离我们学校很远，离我家也远。他住在西特伯特8号，虽然远，交通还是比较顺畅，雅加达还没有像现在这么热。他家房子大，后院经常给我们用来打排球。他的父母都非常支持我们所做的一切，提供一切便利，从食品、饮料等，都不错。活动结束后，常常还有司机开车送我们回到各自的家。

由于常常在一起见面排戏，我和班邦的关系日益密切。此外，还有贝尼。我和贝尼经常在班邦家里过夜。1976年8月17日印尼独立31周年之际，我们班轻取其他班，戏剧演出被评为最优秀。

随着排戏强度的增加，我对戏剧开始感兴趣。我们一起把这项训练一直坚持到高中二年级。我将会在另一章中详述这件事。

虽然我在读初中期间家庭经济每况愈下，父母仍然可以供我上一所比一般公立学校费用高的天主教学校——凡利斯。不知父亲哪来的钱。

那时，我经常到班邦家里玩，结识了他的父母。其实，班邦父母经常邀请我和初中的几个同学去走走，有一次还请我们去维瓦电影院看电影。那影院相当不错，那时在特伯特是最好的。那影院比维拉影院新，这两家相距不远。那个时候我的父母确实也没有能力带我去那里看电影。

在班邦家里过夜时，睡在柔软和芬芳的床垫上，那一刻我感觉太爽了。饭菜也十分可口。一切都是他大姐在张罗，她把柠檬汁挤在木瓜片上招待我们，我心里嘀咕："噢……这样看来，有钱人爱吃木瓜。"

初中时，我参加了丰富多彩的课外活动，如童子军、足球和排球。不仅如此，在我们的倡议下，学校还组织了多次课外活动：去民族纪念碑、伊斯梅尔马祖基公园的天文馆、安佐尔的海洋水族馆等。

在这些活动中，我总是毛遂自荐担任委员。因为我父亲在交通运输领域工作，管理一个朋友的公交公司。我经常看到父亲工作，几乎每天在家都与司机进行交流，我多少知道点他的工作流程。学校也已经知道我很熟悉协调交通问题，总让我当主管这工作的委员。

我们每年必有一次去外地游学。初中三年级时，大家认为我积极，还是选我做委员会成员，负责协调交通运输，联系车辆供游学团去日惹使用。我很仔细，确保不会有差错，人人都有座位，直到最后巴士离开学校。我本人没有参加，因为妈妈说没有1.5万卢比。其实我已经提前两个月告诉家里了。我很伤心。

公交公司只给我5000卢比的报酬，还差1万卢比。这事我没告诉朋友，不好意思问他们要。我的自尊在哪里？当他们问我为什么不参加游学，我提到很多原因，家里有事是其中之一。

班邦几年后才知道我没有参加游学考察的真正原因。我忘了到底是哪一年，他感叹道："鲁，你怎么不说呢？你也知道我还帮其他一些朋友付款了。"那个时刻已成为甜蜜的回忆，我永远不会忘记。

1978年我在凡利斯初中毕业。朋友们因为去了不同的学校，从此见面少了。我在有名的民办学校读完小学和初中后，由于父母经济能力不够，我开始在布迪乌托莫国立第一高中上学。

在高中时，我与朋友们较多在校外聚会。那时有一群朋友老聚在一起，甚至是拉帮结伙。高中被西利旺义帮控制。而从小学至初中时纪律特严，几乎没有这种帮派。由于文化的差异，我实际上更喜欢与初中时的朋友聚会。这种情况一直持续到上世纪90年代初，因为之后我更加忙碌，没时间和他们聚会。

1985年之前，我还经常去邦戈街贝尼和哈尔迪的家兼印刷厂。偶尔能在那见到班邦。1985年当我还在上大学时，贝尼已经被调到东帝汶工作。自1981年我经常去他家，主要是和他的哥哥哈尔迪有业务联系。实际上，我和班邦、哈尔迪成了很亲密的朋友。

我邀请他们到我已经在运作的几个企业看看，还去看我在唐格朗、万隆的合作伙伴，包括我在普瓦加达所拥有的工业区。情况已经发生了变化。以前我曾用异样的眼光看班邦家把柠檬汁挤在木瓜片上当点心吃，现在我反过来请他们吃。我确切地知道班邦虽然在部队有官职，但工资并不高。

1990年，当我决定买第一辆190系列奔驰时，我邀请他们两人一起去看。我最喜欢的颜色是珍珠灰，却没现货，只有珍珠蓝。我与哈尔迪发生争论。他认为珍珠蓝就比我喜欢的颜色更漂亮。我知道他在颜色美学方面是一个行家，因为他干了十几年的印刷，我终于服从了他。那天下午，我们仨乘坐我的第一辆奔驰回家。

同一年，我家从雅加达市中心甘比尔街道克文克拉帕乡巴杜杜利斯街 6/39D号搬到西雅加达斯里皮查雅后面的 H. 马祖基街。班邦仍偶尔会在我那里留宿，而我还和弟弟一起睡双层床。班邦由于曾在军校训练，在塔那阿邦第二区的帕斯帕姆雷斯小区居住时每天锻炼身体，这造就了他结实的运动员体格，但他选择睡上铺，让我睡下铺。"鲁，你的身体够壮的。这床要是垮了我可不愿被砸到。"说真的，我当时确实非常高大。

班邦的父亲曾经是我早期创业时的榜样。我几乎总是对朋友们说，我要和他们一样过安居乐业的日子。他家在特伯特区的房子——我们过去在凡利斯读初中时经常在那里熬夜到凌晨，还排戏和训练排球——他的父亲从海关退休后就卖掉了。

有几个在初中一起排戏的朋友到今天一直保持联系，普利塔、安托、班邦、德威、雷特诺、艾塔、布拉门第托、巴斯利扎尔等等。

普利塔现在是雅加达伦敦公共关系学校传播学院的院长。她两次邀请我到她的学校给毕业学生讲话，最后一次是2011年12月。讲完话后，普利塔还给我酬金。

"普利塔你别这样。为什么？也这样给别人？"

"别介意。这是我们邀请的每个演讲人的权利。我知道你不差钱，收下吧，你再把它给更值得给的人。"

她和几个亲密的朋友很了解我的习惯。我立刻把封好的酬金交给秘书，让他捐给孤儿院。

布拉门第托现在是著名的妇产科医生，在朋多克英达医院工作。

班邦是部队情报人员，每次谈话都非常小心。当他准备要为这本书的写作接受采访时，仍要先与我联系。"这真是你的主意？到底什么能说什么不能说？"

"没事的，你就说说初中那些没有什么限制的东西，随意发挥吧。"我回答说。

还有雷特诺，当我偶尔需要把土地用于商业目的时，他会给我很多帮助。有些日子了，他曾再三要我在2012年3月2日星期五那天给他儿子做证婚人。我和妻子一起去了，场面热闹非凡。

老朋友都知道我最喜欢和家人、朋友一起聚会，尽管我经常成为嘲笑的对象，因为我还在用只能打电话和发短信的老款手机。"鲁，你的手机都老掉牙了！"他们讽刺说。大家放声大笑，然后还嘲笑各人小时候最露怯的事。

每次跟他们聚会，我都再三叮嘱："如果你们想利用我，以便你们往前走，那请便。如果想踩着我的头往上爬，我真诚奉献。但如果你们已经踩上，但什么也没办成，那我肯定会很生气。只要我还有饭吃，就不可能让你们挨饿。万一我自己找吃的都麻烦了，那就只能各顾各了。"

在凡利斯初中时，每年必有一次去外地游学。
我负责联系车辆供游学团去日惹使用。我很仔细，确保不会出差错。但我本人没有参加，因为没有钱。

雅加达荷兰学校凡利斯初中同学合影

# 拜师学戏

**12**

初中二年级以来，我发现自己对表演艺术有兴趣，为此，我向严·达尔约诺先生学习戏剧，直到高中二年级。剧团的名字是 Gothra Athıdıra，源自梵文，意思是"勇敢和诚实"。我们学戏的地方在东雅加达的乌丹卡尤。我们初次见面就谈了许多内容，无所不包。讨论都是非常认真严肃的。此后是学习朗读、剪辑和流畅说话。

一开始很有点不适应。因为就像我这样的十几岁的初中生所知，戏剧就是艺术，有舞蹈、声学艺术、创作、朗读、写诗等等，直到听严先生讲述了学习的方法，我才有些新的认识。

阅读哲学意味着阅读现实，学会透过现象看本质。剪下报纸，整理成简报，就像进行文学比较；而以理智方式流畅地表达出来，那就是提出定理的过程，这定理事先被我们内心吸收并经由我们的身体提炼出来。如果没有参考基准，我们怎么进行交谈？而基准本身必须在检验真理的过程中进行比较才能确立，这就是科学的思维方式。不错，这正是我一直在寻找的东西。我开始感兴趣并认真学起来，而原先，坦白说我真有点看不上。

严先生的学生约有20人，来自不同的界别不同的学校。其中一些人我还记得，有莫囊·克巴汉、詹德拉·穆利亚、德维·安妮塔、阿德·拉赫曼、费博里·苏波诺、甘登·威托诺、托基·阿里托囊，甚至还有贝本，他是一名三轮蹦蹦客车司机。

他们大都来自体面的家庭，比如詹德拉就住在怎达纳街，与苏哈托先生是邻居。甘登·威托诺的父亲是中将 A. J. 威托诺，曾任印尼央行专员和印尼驻日本大使，还担任过西爪哇西利旺义军分区司令员。严先生语调平和而严肃地说："在剧团，所有这些背景都必须去掉，不管你是谁家的孩子，你的父亲是什么人。因为在真主面前，我们都是平等的。"

由于身材又瘦又高，莫囊给我起外号"Timbo"，在巴塔克语中的意思是"高大笨拙"。还好只有他一个人这么叫我。其他的朋友一直都叫我"凯鲁"。

放学后，大约在下午一点钟，大家都聚集在乌丹卡尤，开始冥想训练。控制气息，清除杂念，完全入静，集中精神，回顾从早上醒来到此刻做了什么。

我和朋友们一开始接受不了这个教法。"先生，瞧，我们都有精神病了，不是吗？为什么还要这样训练我们？"

"嗯，不是'还要'。你们现在必须先按我的要求做，回到家里还要继续练习，复习一下我们今天所学。如果以后，不是现在，你最终还认为这些东西没用，那就算了。"严先生面对我们这群十几岁的青少年十分淡定。

此后每星期天聚一次，经过几个月这样的不断训练，我们感觉受益匪浅，记忆力大为提高。严先生听说他的学生不听话，上学就随手抄一本笔记，很少拿包，他只是一笑而过。就这样，我们也没有一个人留级。

那时，对我们这样的小孩子来说，这样的学习方式是太严肃了。我们研究哲学，这在当时还不像现在这样觉得害怕。世界级的大家，如尼采、霍布斯、卢梭、伯特兰·罗素、弗洛伊德、马克斯·韦伯、歌德、黑格尔、丹马拉卡、汤因比、苏加诺、克劳塞维茨、麦基弗、康德和穆斯塔法·凯末尔·阿塔图尔克，我们都研究过。此外，我们还分析穆罕默德·阿比德·阿尔贾比里（摩洛哥哲学家——译者注）著作中的、《古兰经》第 113 章《曙光》中的语义学等等。学习他们思想的要点虽然并不轻松，但我们可以相对容易地理解和消化。也许这是因为严先生教授的方式十分随意，那是在乌丹卡尤的小餐馆里，我们一边听还一边吃着炸霉豆饼配辣椒。

我们把这家小餐馆"Warung Sederhana"（"实惠小馆"——译者注）简

称为"Warsed"。此小餐馆的老板娘没有孩子，但养了很多猫，所以我们叫她"猫阿姨"。她的丈夫穆纳迪先生年轻时曾干过"靠提供别人不需要的服务谋财"的事。这家餐馆现已成为乌丹卡尤社区居民的聚集地。

我因为对严先生教授表演艺术十分感兴趣，所以，尽管只是每周日才有培训课，我每一次返校几乎都要去乌丹卡尤。在那里，我们甚至可以聊到晚上九点钟。我几乎天天都去，偶尔一星期只去三次。

我们学会了大胆而诚实地表达意见。严先生作为老师，与我们学生的关系逐渐融洽并成为朋友。我们通常也会批评严先生，因为他偶尔也会摆谱，觉得自己是领导。但听严先生讲话确实是很有意思。

"这是建立民主的过程，是学习表达一些东西，喜欢还是不喜欢、合适还是不合适的过程。杯子是空的，对，空的玻璃杯，不是半满的或是半空的。是的，就应该说是空玻璃杯。"严先生这样谈有关诚信的重要性。

严先生认为，我们是一帮想要理解差异，从不同的角度看待事物，而不会受享乐主义影响的孩子。我们生活在和睦、相互合作的气氛之中，通过这一过程，我们学会的不只是艺术，而且也学会了互相关心。

有一次我问："先生，为啥农村有了电气化计划，村民却更穷？"

"可以说消费主义已经成为一种文化。当他们还没有对电力的生产性需求的时候，反而要购买电视机、冰箱等电器，最终电力并没有被用来进行生产，比如说制造成衣什么的，而只是用于消费，于是，生产率不升反降。熬夜看电视，最终天亮后才下地干活，甚至睡懒觉，形成慵懒积习，长此以往便会导致贫困。"

严先生很长的答案，我一下子也理解不透，因为那时我还在布迪乌托莫上高中一年级。

我喜欢阅读。也许是因为经常在生活中遇到痛苦，使我看待问题态度比较严肃，而且比我的同学们更敏感。

有时候我们会长时间沉默，为了打破它，我常常问一些实际上是很基本的问题，但问得很荒谬。"先生，您所提到的'系统'是什么意思？"

严先生很容易表达任何他已知的事情，没有丝毫隐瞒，他立即回答说："多数人认为系统就是方式方法。我给你打个比方。有盘子、勺子和叉子，它们之间是相互关联的。把这些元素融入一个集合里，就叫作系统。"

## 学演戏受到的影响

自从初中二年级去学表演艺术，我们经常上的是正规教育所规定的课程，教的是大本甚至是硕士研究生的课程，让我们感到自己比实际上成熟得多。

我经常在家里和其他地方练习表演艺术，直到我觉得背得滚瓜烂熟，记忆力突飞猛进。很多时候，我还能够准确地背诵其他人的台词。从初中到大学，我甚至几乎从来不做笔记：就在考试前几天，我才去借同学的笔记简单复习一下。考试结果竟没有令我失望。当然我这样做并不好，不值得吹嘘。

我上初中二年级的时候，组织了一个喜剧团体，经常在朋友面前表演以取悦他们。初中三年级时，在一次独立日庆典上，我朗诵凯里尔·安瓦尔的诗《我》，知道这首诗的人肯定不多。当我大声朗读"我是一头桀骜不驯的猛兽……"时，大家都大笑起来。同学们都以为我背错了。朗诵完毕，他们中的一些人甚至尝试修改。"应该是这样……我是个桀骜不驯的人，不是猛兽。"我经过表演艺术的训练，当然不会背错。

在高中时，有一次看了一本青少年杂志，我很喜欢读其中印度尼西亚大学学生活跃分子卢克曼·哈基姆写的《印尼在呼唤》，以及万隆理工学院学生活跃分子赫里·阿克马迪写的《打破压迫的枷锁》。这两个人都因"颠覆"活动而被审判，那是他们在被告席上的抗辩词。他们热情洋溢的讲话让我印象深刻，我还能背诵其中的一些警句。

学习表演艺术也是学习心理学。我们研究了各种声学技巧，如何利用鼻腔、腹腔，如何运用气息，以及如何发出有权威的声音等等。其应用当然不局限于表演。"重要的是，你有不错的形象，要充分发挥它的作用。训练面部肌肉，使形象得以保持，比如看起来紧张，看起来冷酷……"严先生用面部表情和肢体语言，风趣、生动地解释着，逗得我们都笑了起来。

冥想就像瑜伽，是控制气息的艺术。"保持沉默，在宁静中你们用心听最遥远的声音，有什么体会回头再告诉我。"

然后，同学们说，有的人听见摩托车声、鸡叫声、邻居收音机声，甚至有不知什么发出的气喘声。这是想象力和关注能力的训练课程，要在喧闹杂乱的诸多起因中，去识别其中最有可能的某一个。

我们可以通过一个人的思维方式和说话方式来判断和理解他。他所说的每一句话，无论是直线式的，还是跳跃式的，前后主题不搭界的，其核心还是语法。它表达说话人情绪变化的参考基准和水平，有对客观情节的说明。我们的声音可以对他人产生心理影响。为了捕捉这一切，掂量影响的程度，我们要逐个人或逐个群体地研究他们的思维方式。聊天就能形成意见。

我很认真地对待这一切，从来不觉得只是好玩。但并不是所有参加培训的同学都像我一样认真，因为一部分人受青春期荷尔蒙激增干扰，热衷谈恋爱，不能集中精力学习表演艺术。

谈话是有对象的。另外，谈话有个性的展现，有情感的发展。在人家给你东西吃时说"不"和被指控偷窃时说"不"，肯定是不一样的，这取决于音调的轻重。另外，在说"不"时用肢体表达情感，例如，使用右手、左手和身体动作。所有这一切都要演绎出来，因为这就是肢体的功能，情感为之提供依据。

严先生还教我们探索空间，水平的、对角线的，包括如何研究这空间，空间如何包含我们做手势便能感觉到的能量。

我常常在番石榴树下训练，看自己在午后阳光下手部动作的剪影。莫囊·巴克巴汉经常带头大声嘲弄我："哇！瞧这 Timbo 多认真啊！"

起初我只是笑笑，拿被风吹落一地的小番石榴扔他们，后来我不再怕干扰，能专注练习。

我用 Tiga Duren 牌的火柴棍当取景器，眯缝着眼蹲在地上看伙伴们练习演戏。"不够真实啦，头低一些试试。"我摆出指导的架势，被他们扔拖鞋。

我喜欢阅读。也许是因为经常在生活中遇到痛苦，使我看待问题态度比较严肃，而且比我的同学们更敏感。

# 街头表演差点
# 被情报人员逮捕

在剧团讨论学校从来不教的、挺难学的课程资料后，严先生还要我们认真复习和思考。老师布置的作业，是创作自己的歌曲并即兴唱歌，扮演印尼著名音乐家廖·克里斯蒂、埃彼特·阿德等角色。

我们于是各显神通。我最喜欢的练习地点在芒果树的树荫下。我们还模仿乡间牧人在水牛背上吹笛子。看到我们如痴如醉的样子，严先生放声大笑。"明天我们上街头表演。"他提议说。哇，真是令人振奋。

我们到处举行露天表演，有时在阿特玛查雅大学校园，有时在克拉玛特街、芝基尼街等的路边区域。一组五至六人，带着吉他、贝司和鼓。用帽收钱，5卢比、10卢比、20卢比，那时还没有50卢比的纸币。严先生要求我们每一次街头演出都要带上印尼国旗红白旗。

我们一开始只是把街头演出当作娱乐活动，直到有一天，严先生解释说："在表演艺术界，街头演出是一种创作过程。你们一直要思考的东西也是从我们对话中吸收的东西。鲁（我），从你在巴杜杜利斯家到这里（乌丹卡尤）的旅程也是一个文化过程。不要只看到巴士，这一路上有各种不同的颜色、人和广告等。这些你都能看到、听到、感受到。"

我们把街头演出挣的钱收集起来，分给大家做餐费，也分给在 Warsed 小餐馆附近等候旅客的三轮车夫和改装小公共车的司机，或者去乌丹卡尤司法大院前去吃"乐色汉"（一种席地而坐的进餐文化）。如果街头演出收入较多，我们就买席子和打气筒等，捐赠给清真寺或教堂，从中学会分享。

"智慧来自心灵，而并非只是口头描述。感受，思考，表达出来，采取行动。如果我们的思维是明智的，那么我们的行动不仅有利于自己，也有利于他人。"这便是我们年轻时在剧团所学到的做人原则。

## 我没有莫扎特的天赋

我基本上并不是太喜欢音乐专业技术。在剧团时我们也学作曲、和声，以及其他音乐科目，但我所专注的主要是在歌词方面。

我们都同意把街头演出团命名为"无产阶级"，这在反共的"新秩序时期"是很敏感的字眼。有一次当我们在雅加达中心地区演出时，就接到了情报机关的警告。第二天，所有人都被包围了，但我们没有一个人选择逃离。当被问及为什么叫"无产阶级"时，我简单明了而彻底地告诉他们，这就是"普通老百姓"的意思。

我唱歌模仿廖·克里斯蒂的风格（除了没有他的长发），高瘦的体格，又黑又脏，光膀子，裤腿卷到膝盖，还挥舞着红白旗，这不单是为了造形象给人看，而是表现我们大家对印尼民族的衷心热爱。也许是我们的外表太招摇，引起了情报人员的怀疑和盘问。

## 免费乘巴士

某天下午，我们在乌丹卡尤，严先生提议去伊斯梅尔马祖基公园（TIM）玩。

"鲁，你有钱吗？"

"没有，先生你自个儿有钱吗？"

"我有还问你干吗？怎么办？！这样我们还是去坐大巴吧。我躲在你后面。我们装出凶神恶煞的样子，怎么样？"严先生提议。

这就是严先生临时起意应付窘境的风格。这意味着我们将不花钱乘坐巴士从乌丹卡尤到 TIM，就因为确实没有钱。

我们俩靠车门站着。严先生身材矮小，躲在我身后很隐蔽。当售票员问我要车费时，我装出一脸凶险，干脆地回答说："搭车！"售票员害怕，居然让我们一直到 TIM 而没要钱。

## 露营

有一次，我们出去露营三天，星期五、星期六和星期日，在苏加武眉的格德山进行野外训练。那是普尔博瓦提地区，村名叫芝坡朗。除了剧团的团员外，我们还邀请了其他朋友。

到达目的地后，我们支起帐篷休息，分别执行不同的任务。"到村民那儿去找他们聊，尤论你们说了些什么都记录下来，做完后在篝火晚会上跟大伙儿汇报。"

在篝火晚会上，我在大伙儿面前讲述白天的经历。我看见一位叔叔正在装修其半永久性的房子，他自己动手用水泥铺地面。他购买水泥的钱是种庄稼所得。钱一点一点地攒，装修房子的过程也是一步一步地进行。

这件事与苏加诺总统当初见到马尔哈恩先生十分相似。马尔哈恩是个农民，辛勤工作，能自立。他从干农活开始到一步一步地盖房子，自己干，不用给别人工钱。后来苏加诺总统在每个演讲中差不多都要提到这事，并催生了马尔哈恩主义（即所谓贫民主义）的概念。

## 朗诵仁达的诗

1979 年当我还在读高中二年级时，著名诗人仁达刚从未经审判便被羁押的牢里放出来。没有一个地方愿意给他一个表达意见的机会，于是，我们打算和仁达一起举办舞台演出。

我们剧团的团友伊萨克·波汉，就读于特里萨克蒂大学机械工程系。他随即发起在特里萨克蒂大学礼堂举办仁达诗歌朗诵会，同时我们一起出演话剧《启示》。

我表演拾荒者，莫囊·巴克巴汉扮演不安分的流浪汉，阿德·赫尔曼扮演体弱多病的拾荒老人，严先生则是导演兼编剧。

《启示》是讲述城市穷人现实生活的故事。因为农耕保证不了农民的基本生活条件，许多人弃农进城务工，都以为城里能过上好日子。然而在此异构社会中，外来人口只能居住在残破的棚户区。

聚居在城市角落里的人们继续着他们的梦想，并不正视现实选择回乡。在故事中，他们最终去捡拾烟头（可回收挣点钱），或堕落成流氓小偷，在焦躁不安中生活。剧中一句台词是这样的："让我们安慰忧心忡忡的大地母亲吧！带着你的锄头回到田里；如果你有鱼钩，回去出海吧，鱼儿在等待着你……"

整个活动结束后，情报人员便找上门来。显然他从演出开始便已经在人群里。我们解释说，我们的活动经过警方批准，特里萨克蒂大学的朋友们组织的此次活动，一切都依照法律行事，我们也没有冒犯国家元首苏哈托先生。

因为我们的解释无可挑剔，情报人员终于表示理解，也没有逮捕任何人。严先生拍拍我的肩膀说："哇，你还真有当律师的天赋啊。"我们都沉默了片刻，然后不约而同地突然哈哈大笑。

我们把仁达的诗印到 T 恤衫上。严先生向他的母亲借钱，我们用这钱在著名的纺织品中心万隆加工 T 恤衫，在阿特玛查雅大学校园销售。严先生收回资本而我们大家则共享收益。这就是靠自己的能力找零花钱的办法。当时的收益其实也还没有进行再投资，也没装进自己的口袋里，而是大家一起吃掉了。

我们把街头演出挣的钱收集起来，分给大家做餐费，也分给在 Warsed 小餐馆附近等候旅客的三轮车夫和改装小公共车的司机，或者去乌丹卡尤司法大院前去吃"乐色汉"（一种席地而坐的进餐文化）。

# 感谢剧团的朋友们

我认真学习表演艺术，从初中毕业直到高中二年级一共持续了一年多。这时，学戏不得不终止了，因为那时我在大雅加达特区青少年科技团（KIR DKI Jaya）的工作很忙，而且严先生已决定返回苏木当，我记得他是准备结婚了。

我们学习表演艺术一年多，连一毛钱学费都没有交过。如果有钱，我们就凑起来买东西吃。缺钱时，我们就去街头演出或干点别的营生。仁达说，"有水便流动"。水会找到自己流到海洋去的路，也一定会找到自己往任意方向流动的方式。

剧团的朋友们没有一个卷入吸毒、酗酒、赌博和滥交。我们不参加斗殴绝不是因为怯懦，更谈不上恐惧。我们都学会了自我控制的技术。

1987年，我又去见了严先生，那时他在希尔顿酒店（现在雅加达的苏丹酒店）管理出版一种杂志。我的公司总部还设在城里，在叫作"长条大厦"的楼里。这只是办公室的地址，因为我自己没准在哪儿工作。

我们在"孔雀餐厅"见面，然后就到一家巴厘岛式建筑风格的酒店后面人工湖边上鸡蛋花树下聊天。这一次我们俩的位置倒过来了，我教严先生如何通过利用关系经商。严先生说："鲁，你把我都说晕了，你言语也不一样，谨慎了。"我们都笑了。

也许他想起我青春期学戏时的固执劲儿。我们还停在路边摊吃热炸霉豆饼配辣椒。

后来许多年，我几乎见不到严先生。我倒是经常见到他妹妹普利塔和她的丈夫凯末尔·S. 加尼。还在凡利斯读初中时普利塔便是我的朋友，现在是雅加达伦敦公共关系学校传播学院的院长。2009 年，我最后一次见到严先生，他突发心脏病并中风，导致左边半身不遂。

严先生和我是校友。他是 1969 届凡利斯学校的初中毕业生，后来搬到巴东。当时，男女生仍然是分班的。听严先生讲，因为学校里都是男生，所以在雄牛广场闲着不打架就太无聊了。

生气时他会扔块石头把学校的玻璃砸碎。如果这还不够解气，就去停车场把老师的摩托车气门芯都给拔了。抓个现行后，他被罚扔进发霉的面粉堆里。

严先生后来应修格隆（原剧团的朋友之一，当时担任制片人）之邀，曾帮助我的 Trans TV 电视台策划电视节目。他为我们的电视剧编写剧本从来不要报酬，他把我看作自己家人。

在剧团学戏是个教育过程，我觉得自己真正掌握了其中所学。我学到了控制自己的能力，尽量保持低调，不出风头，减少宣传对自己的负面影响。树大招风，宣传可以捧杀一个人。

目前，我已很少与剧团的朋友们联系。莫囊·巴克巴汉现在领导《投资者》杂志；詹德拉·穆利亚与阿迪·萨索诺合作，拥有物业公司；德维·安妮塔成为印尼伊斯兰医院的院长；阿德·赫尔曼曾在资本市场监管会工作，现在退休了。

在一次活动中，我偶然遇到莫囊，他低声取笑我。我说："嘘……当着这么多人面，别再像高中时那样开玩笑。"他哈哈地笑着消失在人群中。

严先生则是很久见不着面。2009 年我得知他中风，导致半身不遂。然而，他康复后，还在雅加达办了一个画展。那时，我帮他促成了这个画展，他显得十分高兴。

我和严先生的最后一次联系是通过电话完成的。他的话语很让我感动："通过你的教育基金会，你做了许多事情，关心和帮助被边缘化的社区。你电视台的节目，如《边缘人》和《如果我能》，都挺不错，关注弱势群体的权利，鼓励他们从乐观的角度来看生活的现实，不恐惧，不绝望。可见，人要有力量，就一定能挺住。我们的尊严是我们的个性。没有个性就不可能有尊严。"

感谢严先生和朋友们，如果没有你们，我不可能有今天。

在剧团学戏是个教育过程，我觉得自己真正掌握了其中所学。我学到了控制自己的能力，尽量保持低调，不出风头，减少宣传对自己的负面影响。树大招风，宣传可以捧杀一个人。

# 搂草打兔子

在布迪乌托莫国立第一高中的学习过程持续了大约三个月。当时，生物老师甘扎尔先生宣布要我们去做一件新鲜事，不是在学校周围，而是要去茂物的芝亚布斯地区。

甘扎尔先生是印尼科学院的研究员，同时也在我们学校教书。

那时学校还是星期一到星期六上课，星期日休息。为了对此实习计划提供指导，甘扎尔先生选择了一个星期日给我们讲解此次校外考察。

在课堂上，甘扎尔先生放映了几部短片，内容是以前老班级做的同样的事情。从该影片我们得知，实习地点很偏僻，有一段路必须步行，要通过相当难走的荒郊野地。

从学校乘巴士到茂物，然后步行到芝亚布斯这个穷乡僻壤。部分路段真的很难走，对一般小伙子不算什么，因为我们能跳跃、攀爬，还觉得好玩，但对姑娘们可不那么容易，需要抓着粗绳子，因此甘扎尔先生要我们准备这些东西。

"哥们，我任命你为矿业部长，为此次考察找绳子（印尼语中粗绳子与矿都是 tambang 这个词——译者注）。到时候要是没有合适的粗绳子，我唯你是问。"甘扎尔先生指着布迪·西亚哈安说，也许是因为那时布迪个儿最大。

全班同学们听到"矿业部长"这个词哄堂大笑。布迪回答说："没问题，先生，但买绳子的钱从哪出？"

"嗨，这你就不会了？想点办法嘛。"

课后，布迪找来一塑料袋，收取我们每个人10卢比到20卢比。

下课后，我们步行到雄牛广场等巴士。我跟在布迪后面。当他和几个朋友一起上了开往拉瓦曼根区他家的巴士时，我也跟着上去了。"鲁，你怎么也上来了？这车不经过你家。"

他说得没错，我家在巴杜杜利斯，一般不这么走。"你说得对。你不是想去'巴刹斯年市场'买绳子吗？"

"是啊。"

"那就对了，我跟你一起去。"他们讨论要去巴刹斯年市场购买粗绳子时我听到了。

每次乘巴士，我们学校至少有10人上同一辆巴士。布迪乌托莫虽然是重点中学，那时却因学生经常斗殴而臭名昭著。售票员害怕，而我们大多数人几乎都逃票，只说声"搭车"，售票员也就认了。

下午两点钟左右，我们到达巴刹斯年市场。附近人行天桥下有家叫"凉爽天地"的餐厅。1978年，它的面条和上海冰（一种水果汁冷饮——译者注）非常出名，但是相当贵。在炽热的太阳下我们只能看一眼，咽咽唾沫。我知道所有人都想吃，我也一样。

在"凉爽天地"附近有许多商店，包括塑料商店。眼看大卷的粗绳子放在店门口，大家不约而同地朝那家店走去。

布迪认为带来的钱够了，径直走向店员，没有讨价还价便要他根据需要切下几十米。"等一下，哥们，你可当心上当。"我拍着布迪的手低声说，要他去看看该塑料店的其他商品。

我们开始了马拉松式的讨价还价过程，最终卖家同意再降低自己原先和布迪谈好的价格。砍下来的数额相当可观。"行了，切吧！"我对卖家说，宣布成交。

绳子切完后卷起来。布迪刚才还在到处看各种商品，这时立即过来付款，并收好找回的钱。他扛起绳子就要跑向正在等乘客的巴士。

"等等！"我再次拉布迪的手，指指"凉爽天地"。

大家心领神会，不发一语都跑向那家餐厅去享用面条和上海冰。买绳子找回的钱我们每人都管够还绰绰有余。

在"凉爽天地"面条填进空空如也的胃里和上海冰流入喉咙的瞬间，巴刹斯年市场的烈日给大家带来的燥热一扫而空。黄昏了我们才各自回家。

甘扎尔先生带领实习的模式后来被所有雅加达的高中仿效。至今甘扎尔先生仍活跃于教学第一线。

那时是 1978 年 2 月或 3 月，我还不到 15 岁。如果我没有提出要对粗绳子的价格还价，肯定那上海冰只能停留在幻想空间，大家咽咽唾沫算了。我们不仅要追寻机会，更要创造机会。这就是我的见解。

1996 年布迪·西亚哈安加盟梅加银行，是我们接管该银行早期的见证者之一。写这本书的时候，他已经是银行的高级副总裁，专项资产管理和重组部门负责人。

如果我没有提出要对粗绳子的价格还价，肯定那上海冰只能停留在幻想空间，大家咽咽唾沫算了。我们不仅要追寻机会，更要创造机会。这就是我的见解。

我就读布迪乌托莫国立第一高中时，老师组织我们去茂物的芝亚布斯地区进行生物课野外考察实习，此绳子是实习用的工具。

# 没有母校就没有我们的今天

雅加达布迪乌托莫国立第一高中是其所在时期最好的学校之一。自1949年起，布迪乌托莫国立第一高中就在荷兰人1889年所建的文物建筑里办学。

学校的毕业生满天下，遍布各行各业，有政治家、学者、军人、警察、政府官员、私营机构雇员等等。其中，有 J. B. 苏马尔林教授（前国家发展规划局局长——译者注）、皮亚·阿里斯查巴纳（著名妇女活动家——译者注）、班邦·特里（国土局副秘书长——译者注）、埃德温·卡韦拉郎（著名企业家，印尼人民协商会专业集团议员——译者注）、亚当·达拉查顿（警察总署前副署长——译者注）、查比·哈基姆（空军前参谋长——译者注）等等。由于这些人，这所学校曾经是多么辉煌。还有，苏哈托先生的子女中，除了最小的托米和马米艾克，都在这所学校上过学。

毕业生的学习成绩也十分突出。有许多毕业生在印尼各地知名高校执教。一些人由于成绩优秀，甚至可以不必通过高考直接进入国立大学。在我毕业的1981年，就见证了一次最大批量的毕业生被许多高校直接录取的情况。

为了提高成绩，有不少人还在校外补课。当时西吉穆里奥诺校外辅导班非常有名，许多布迪乌托莫高中的学生在那里补习。我没去，因为太贵。

我校不仅学生成绩优秀，在体育方面也首屈一指，在各种比赛中常常得冠军，至少在雅加达省一级。

布迪乌托莫的大部分学生来自小康家庭。有不少学生有自己的车。父母给的钱够用甚至有余。他们着装时尚，以至我校因帅男靓女多而著称。

除了各种优越条件，还必须承认，布迪乌托莫也以粗野而著称，经常发生争斗。如果有几个学生一起乘巴士，几乎没有售票员敢找他们要钱。

许多学生来自西利旺义地区。他们争斗时最爱大打出手甚至使用凶器。有些人甚至有枪械。在学校看见手枪都不是什么新鲜事。有不成文的看法："如果在'西利旺义帮'之外有学生能在这个学校长期坚持，那么他一定是个特别坚强的学生。"

西利旺义帮能称霸，是因为大多数学生在学校附近住。除了他们，还有"芝然东帮"。当时芝然东地区还不是特种部队大院，而是陆军大院。许多布迪乌托莫的学生来自这个大院，但不及西利旺义来的学生多。这两个阵营是敌对的。T123C是芝然东帮的代码，234C是西利旺义帮的代码。

## 同年级团聚

有几个布迪乌托莫高中1981届毕业生中的知名人士与我联系，希望能一起讨论我们这一届同学聚会的计划。毕业分别12年后，1992年我们中的部分人终于在卡尔提卡钱德拉酒店开会。这次见面会感觉挺高兴。一些人显摆其豪华轿车，作为成功的象征。我自己和老同学费布里安夏一起乘坐我的本田思域，尽管我已经有一辆奔驰。

一年后的1993年，在印度尼西亚大酒店宴会厅，我们举行了1981届的第一次聚会。筹委会统计，在总共900名毕业生中，出席者为500至600人。1981届由5个社会科学班和11个自然科学班组成，共有16个班，毕业约900人。经过13年的分别，参加集会者超过一半，我认为相当不错了。

在聚会中，我成了校友们关注的中心。我中学的老朋友萨斯达对我说，其他同学都把我看作布迪乌托莫高中的成功校友，成功的企业家。我当时还是单身，已拥有四家工厂。其他校友得知我们聚会的消息，说："1981届好棒啊！年级聚会在印度尼西亚大酒店举办！"这些话，我多少从朋友那儿听说过。

长话短说。2005 年，布迪乌托莫高中校友会要改选。此次，还是以鼓掌通过的方式，大家选我做校友会主席，接替西斯沃诺·尤多·胡索多先生。他是 1961 届毕业生，比我早 20 年。他说，有许多高年级、同年级和低年级的老校友也都支持我；校方也很高兴有较年轻的校友来领导校友会，能更朝气蓬勃。

当选后，我对雅加达第一国立布迪乌托莫高中校友会进行了适当改造，把工作重点放在联络校友们的友谊和亲情上，摒弃不必要的规章制度束缚。即便如此，校友会的所有工作也都按照系统化和组织化的方式进行。

我与几个校友会理事们一道，走访了我们久别的母校。许多教室没有门，厕所很脏；教师还使用黑板和粉笔，教书的方式很传统。我想，就用这样的设施怎么能成为最优秀的学校呢？

老实说，亲眼看到离开几十年后学校的现实我很痛心。它不但没有进步，反而是退步了。

自从 20 世纪 60 年代直到 80 年代，布迪乌托莫高中一直是一面高高飘扬的旗帜。1985 至 1990 年政府出台了划分地区的政策，从那以后，学校的名声急剧下降。这项政策的目的主要是为了减少学生之间打群架的事件。

这一政策导致了只有住在此学区的初中生才可以报名上布迪乌托莫国立第一高中。其他学区有许多聪明或出身富庶家庭的学生，原则上都不能录取。

学校的综合素质在下降。布迪乌托莫高中不再光彩，学校的名字也逐渐淡出人们视线。分学区之前，布迪乌托莫高中是雅加达最好的学校之一。到了 2005 年，其排名已经滑到 100 强之外。

## 努力加强亲情

西斯沃诺·尤多·胡索多先生是校友会的首任主席，直到 2005 年。

在西斯沃诺先生领导时期，他举办了多次校友聚会活动，比如在雅加达东区芝布布尔的微缩景观公园，还曾在芒加拉·瓦纳·巴克蒂大厦举行。校友会是好的，但不够抱团。高年级和低年级毕业生之间有很宽的"代沟"，没能完全融合，因而校友会未能真正强大。

新的领导班子改组校友会，选择协会的组织形式，使校友之间的关系更融洽，更能感觉到亲情。所有的校友，从最年长的到最年轻的，都要照顾到。我们的目标很明确：提高社团意识，共同制订发展计划，实现大团结。这项工作并不容易，因为大家分散在各地，而且校友会本身就结构松散。

要重温对过去学校的记忆。虽然经常有校友举办聚会，但一般都是简单地聚一聚，而且只是在校外进行。不，大团聚必须在学校进行，而且是免费的！

2006年，布迪乌托莫高中所有各届毕业生的大团聚在学校大楼举行，与我们提出的"返校"的口号相一致，可以重新激活大家内心的记忆。另外我们也考虑到，如果不在学校举办活动，校友们还得费心去寻找不认识的活动地点。

此前很久，我便要求我 Trans TV 的员工做广告，由我本人亲自担任这个广告节目的主持人。广告的信息简短而清晰：邀请我校所有校友返校参加团聚活动。如果没记错的话，宣传片在 Trans TV 和其他电视上总共播出了49次。

大团聚在2006年9月16日星期六举行，许多校友都来了。为此，古农萨哈里、克拉玛特拉亚，甚至连国家宫一带都发生拥堵。媒体的力量真是太厉害了。来的不仅有我们居住在大雅加达地区周边的人，还有区外的、岛外的甚至国外的。在学校，各届各班聚在一起。年长的校友，比如60、70年代的，甚至更老的，用一楼的教室，以免他们上下楼梯不方便。较年轻的校友则用高层的教室。

可以想象，一个教室塞进一整届毕业生会有多么拥挤。这样做是有意的，是为了使他们重新认识，建立联系，密切友谊。这活动的时间长达三个小时。果然，拥抱，笑声，互相逗乐，交换电话号码……场面十分壮观。

各届分别联欢告一段落后，便升级为各届之间的联欢，我们采用讲台的方式，各届毕业生做自我介绍。

2006年9月16日校友大团圆终于结束了，校友之间的感情纽带已经基本成型，他们对学校的现状也有了较深入的了解。

为了在组织上落实，我要求每一届毕业生必须有自己的主席。为此，他们还必须多开会，不只是在团聚时才见面。组织落实后，各届都要举办各种不同形式的活动。比如社会活动、体育活动，也可以在一起建立业务联系等等。这种校友间互动的强度，不论正式的还是非正式的，最终要激发大家的自豪感，为母校而自豪。我觉得这是校友会要做的最重要的事情。

各届校友会所举办的每项活动总是会邀请我们布迪乌托莫高中校友会的理事们。只要点名邀请我，我总是尽量出席。如果我实在没有时间，阿里扎就全权代表了。

布迪乌托莫高中位于战略性地点——雅加达市萨瓦勿刹区布迪乌托莫大街7号。在同一条街上曾经坐落着国立第二初中，居前排，在邮局附近。可惜的是，那个学校现在已经搬到了马尔达尼拉雅大街。

我也很担心我的母校也会搬到雅加达的郊区。如果要我们学校搬家，理由是明摆着的，她占据着古迹，又没什么了不起的成就值得夸耀。但是，一旦搬家，历史就改写了，我们对母校的所有记忆就不复存在了。不可以这样的，我想。为了让母校永远留在这个地方，尽管校友中有不少人位高权重，但仅靠校友会的力量是远远不够的。学校的建筑应该是好的，不是乱脏差的，与周围建筑的发展应该是协调的。学校的绩效必须提高，不应再背着打架斗殴的坏名声。

要达此目的，绝对需要不小的花费。如果要靠地方政府的资金，太难，更何况还得通过一系列官僚机构。2006年的大聚会已经成功地重组了校友会，进行了优化，各个不同年代的校友都建立了联系，因此应该充分发挥其作用。

我与布迪乌托莫高中校友会的领导班子以及一些朋友一起讨论，打算再举办一次聚会。这一次的目标是筹款。大家都同意，于是启动又一次聚会的筹备工作。我提出，下一次的重逢必须比2006年的大聚会规模更大，气氛更热烈。

布迪乌托莫高中校友会此次盛大聚会定在2007年。我再次为聚会调用我所拥有的媒体，制作有吸引力的宣传片，提前好几个月播出，期望在印尼各地甚至国外的校友们都能做好充分准备。

此次的聚会目的是为母校募捐，在马腰兰的雅加达展销会举行。十分痛快，有1万多名校友出席，印尼记录博物馆（MURI）的记录显示，这是在印尼参加者最多的聚会之一。

在以校友会主席的身份讲话时，我跟大家说："我们应该感到自豪，因为布迪乌托莫高中的校友们很了不起。而这其中的一个重要原因，是我们在高中所受到的高质量的教育在发挥作用。但是，大家也要看到现实，我们离开了母校这么久，却很难再听到她的声音，她仿佛消失得无影无踪了。"

大家情绪都很激动，认为必须一起行动起来，改变这种现状。而要对母校的硬件和软件进行全面的改造，需要大量的资金。感谢真主，在2007年的大团圆中，募集的资金约有3亿卢比。尽管，我认为这对于进行学校的实体和内部运作系统进行整体改造还是远远不够的。

开弓没有回头箭。为了填补这资金缺口，我们启动了新一轮的筹款计划。

我请理事们根据校友们捐赠的金额按大、中、小进行分类盘点。超过一定数额的大额捐赠者，将冠名其班级，以表彰他们对提高母校教育质量所做的贡献，并以此加强校友与母校之间的密切关系。我亲自打电话给许多校友，包括在比曼塔拉集团的校友。苏哈托先生所有在布迪乌托莫上过学的孩子，蒂蒂、杜杜和班邦·特里，都捐赠了不少。

是次活动在梅加银行塔楼 19 层举行，特别邀请了布迪乌托莫校友中的商界领袖。感谢真主，他们的捐款总额达到 30 亿卢比。我们真高兴，学校的改造工作终于能够完全实现了。

布迪乌托莫的校舍已被归类为古迹，属于国家保护的文化遗产，不得随意改造，必须经过文物考古部门批准。

因为我们的宗旨不错，是为了年轻一代的教育，再加上建筑的设计图以及计划中的各种设施均符合国际标准。感谢真主，我们的演示过程并没有遇到麻烦，通过了审批！

## 修复基础设施

我认为最重要的第一项任务，是硬件，即基础设施和校舍的改造。一楼共有15 间教室，都没有门，全部修理好。所有教室都配备空调、凳子、国际标准的课桌，配备"富可视"音视电教设施。

图书馆的改造也是最重要的项目。"书中自有黄金屋"，阅览室应尽可能舒适，以优化学习过程。以前很少有人知道我在图书馆花的时间很多。我的高中好友布迪·西亚哈安，现就职于梅加银行，他也是在《矮人神德瓦鲁吉》这本书的借阅人名单上看到我的名字后才知道这事的。那时一些同学还开玩笑说："干吗去图书馆？还不如看电影呢！"

建筑施工项目事无巨细，具体到选择座椅，我都很用心。我每天都会在阿里扎交来的文件上提出修改意见。要打扫厕所，建清真寺。学校还必须得有班车，减少使用自家车辆，避免增加交通拥堵，同时也方便解决外出实习考察的交通问题，减少学生在外游荡，卷入争斗。

我还联系一些担任教育家或教育方面领导职务的校友，请他们对现有教师们提供指导和补充教育，重新设计教学制度。其中之一是茂物农业大学校长曼集克教授。此后教学过程使用"富可视"音视设备和白板，给每位教师都发了笔记本电脑，从此告别黑板和粉笔。

有好几次我还直接参加教师和学生家长之间的会议。为了提高教学质量，让教师们适应新设施和制度，我们决定选择部分教师进行培训，再由他们推广所学。

几乎所有教学工作都实施电脑化，以免造成教师的"技术无能"。要求教师都会创作、演示，用电脑和影音手段来备课，做出高质量、有分量、有趣味的教材。选择培训过程完成后，涌现出一大批符合我们所期望的质量标准的合格教师。

增加学校的课外活动，从标准的活动，如童子军、国旗护卫队和青少年红十字会等，到音乐、体育、戏剧等。完善优质教学设施，增加各种有意义的课外活动，进一步减少了学生无所事事陷入违法活动的时间。现在学生们成绩不好会不好意思，觉得对不起校友们给了他们这么多的帮助。

分学区的规定不再像上世纪 80 年代那么严格，其他学区的学生现在也可以被录取，只要满足我们规定的标准。学校录取的全国统考分数线逐年提高。感谢真主，布迪乌托莫销声匿迹几十年后终于重新出现。

我听说在 2011 年布迪乌托莫已成为雅加达市中心第二名的学校。我们的近期目标是布迪乌托莫成为全雅加达五个最好的学校之一，而最终目标是使布迪乌托莫国立第一高中成为全印尼最好的学校。

2006 年布迪乌托莫校友会举办大聚会的目的是恢复和巩固校友们的密切联系。紧接着，2007 年我们再次举办了类似的活动，目的是为母校综合改造项目筹款。而在 2008 年，我们则集中精力落实上述改造项目。

又一次大聚会定在 2009 年，就在已经修葺一新的母校校舍举行。这种刻意的安排表明，校友会已经负责把大家给母校的捐款用到了实处。

"请见证吧，校友们。就是这所学校，带领我们成长，我们才有了今天。母校几十年前教育我们，而后来这几十年我们可能忘记了她，她沉寂了。而正是你们两三年前的捐款，把她转化成为达到国际标准的、令人骄傲的学校。"感谢真主，大家都十分高兴。

## 团队工作的成果

每一次和大家见面，不论是非正式还是像大团聚这种正式的，我都在强调，这些变化都是校友会理事们团队工作的成果，而不是某一个人的工作成果。如果没有校友会这个坚强的组织和大家对这个组织的自豪感，这些改进是不可能实现的。

直到今天，在校友会活动之外各种场合，我经常会遇到有人做自我介绍："大哥，我是布迪乌托莫校友，某某届的。"不仅低年级的叫我"大哥"，高年级的也这么叫。

有一次我在美国纽约访问，突然，有人上前来跟我握手说："凯鲁大哥，我是普兰，布迪乌托莫某届毕业生。"原来他是长期住在纽约的布迪乌托莫校友，全名我忘了。

## 布迪乌托莫回来了

布迪乌托莫国立第一高中重新扬名了。她曾因为其学术成就而受到尊敬，也因为过去斗殴时代的"大胆"而令人却步。现在许多初中生渴望在此学校上学，因为常常能听到她的好名声。此外，布迪乌托莫校友会的强大竟然也是激发他们兴趣的原因之一。

有很多其他学校的老师来参观。布迪乌托莫现已成为其他学校的办学样板之一。几乎所有学校都羡慕我们有强大的校友会，能帮助母校实现跨越。

托靠真主，2012年9月15日，开斋节过后，我们计划着2万人的返校大团聚。如果说在2007年有1万校友来参加，那么现在随着信息技术的飞速发展，从总共6万校友中召集2万人来参加应该不是很难的工作。还有一个遗留问题：自2005年我担任校友会会长以来时间已经相当长了。每次我提出要求改选，总是被朋友们拒绝。

## 老师大聚会

2006年4月，仍住在斯里皮地区的母亲告诉我，她收到一封布迪乌托莫国立第一高中老师马尤丁先生的来信。可惜她上了年纪，忘记那封信放在哪了，到今天也没找到。

我受到启发，思念过去的老师。最后，我要求阿里扎帮助收集他们的名单，特别是曾经教我的老师，并收集和分享他们的故事，分享感觉，分享爱。在校友会2006年以前的老副会长拉赫马特先生的协助下，阿里扎设法收集到教过我的25名教师名单。

并非所有教过我的老师都在雅加达。其中之一是卢比斯女士，她在棉兰。卢比斯女士当初教化学，是高级教师，以平静、坚定和严厉而著称，连西利旺义帮都怕她。

我请阿里扎帮忙联系梅加银行棉兰分行的一名员工去她家拜访，并转达我的邀请。该分行的主管伊米达瓦蒂立刻去了卢比斯女士的家。由于伊米达瓦蒂穿着梅加银行的制服，卢比斯夫人十分疑惑："我和你们银行没有什么关系！"

"不是的，卢比斯女士，我不是来办银行业务的。我是代表凯鲁先生来传达他的口信，他邀请您去雅加达。"

"凯鲁是谁？我不认识。"

"凯鲁·丹绒是我的老板，也是卢比斯老师在雅加达的高中学生。"

"不，我不认识凯鲁这个人。"卢比斯女士说着，关上门，请伊米达瓦蒂回去。

无奈之下伊米达向阿里扎汇报了这事。卢比斯女士确实有些简单、任性。阿里扎很有耐心，他问另一位老师，谁有这样的影响力，卢比斯女士可能听得进他的话。最后他打听到一个老师杜斯·努萨古苏玛女士。杜斯女士当年教英语。当时杜斯女士的家在塔那阿邦区。当通过电话联系到杜斯女士时，她说："这样，你们告诉卢比斯女士，我也邀请她来雅加达，来了就住在我家。"

卢比斯女士终于答应来雅加达。往返机票已替她买好，把她送到飞机门口，抵达雅加达时，在飞机舷梯迎接她并把她送到杜斯女士的家。我要让卢比斯女士得到特殊的待遇，是考虑到她年事已高，同时也为了表彰她对教学工作的贡献。

体育老师苏哈曼先生，是我最喜欢的老师。他来得太晚了。这是因为他是重点学校雅加达第八国立高中的负责人，要出席很多会议。

苏哈曼先生也是个严厉的老师，外号"耗子先生"。作为体育老师，"耗子先生"还兼任我们的排球教练。我经常和一些同学跟在他身后，模仿他的样子，当他转过身来，大家连忙摆出一本正经的表情，装着什么都没有发生。这帮调皮的中学生！

刚进入一年级时，生物老师甘扎尔先生带我们去雅加达北部的马伦达，去找蛇并教我们怎样捉住它。正如我前面提到的，甘扎尔先生是印尼科学院的研究员。

他在茂物芝亚布斯的实习项目后来成为其他学校学习的样板。

当时我们并不知道我们学习的目的是什么，教这些东西有什么用，包括把我们搞得晕头转向的英语和德语课。

我邀请老师们到梅加银行塔楼。在布迪乌托莫国立第一高中一起相处了三年半的老师们面前，我讲了许多往事。我感谢他们对教育的卓越贡献。如果没有他们，我就没有今天。他们奠定了我们生活的基础，为我们开始跨越漫长的人生提供了基本的储备。我在布迪乌托莫国立第一高中只待了三年半而不是四年，是因为当时教育部部长达伍德·约瑟夫改变了政策，把原来学年始于12月改为6月。

在梅加银行塔楼，我在高中老师们面前的讲话被迫停止。我哽咽了，泪水忍不住流出。老师们，你们是真正的无名英雄。我祈望布迪乌托莫国立第一高中的老师们获得真主的奖励。

我们共进晚餐，充满激情和欢乐地聊天，然后告别。我，一个十年前他们所教育的学生，把带有Trans公司标志的纪念品赠送给他们。临别，我对他们说，如果需要任何帮助，请一定不要犹豫，通过阿里扎与我联系。安拉赐福予我，我会帮到底的。

迄今在我的公司工作的高中同学并不多。他们当中，知道我的过去并真正了解我的，有布迪·西亚哈安、费布里安夏、塞比勒、阿里扎、金达诺和托莫。

在岗位上，我们是职业的关系。因为我们都来自同一所学校，而这学校是我生命中的一个重要组成部分，所以，我告诉他们："你们可以随时作为朋友来找我。脱掉工作服，咱就是朋友。"

除了各种优越条件，还必须承认，
布迪乌托莫也以其粗野而著称，
经常发生争斗。如果有几个学生
一起乘巴士，几乎没有售票员敢
找他们要钱。

2007年，布迪乌托莫高中校友会盛大聚会被印尼记录博物馆（MURI）定为印尼参加者最多的聚会，有1万多名校友出席，我作为布迪乌托莫高中校友会主席获得印尼记录博物馆创建人兼馆长查雅·苏帕拉纳的特别奖。

2009 年，与雅加达特区省长法乌吉·博沃一起在布迪乌托莫国立第一高中校舍修葺工程竣工仪式上。修葺破败校舍这一浩大工程的资金由该校校友集体捐资。

# 送水上山

**17**

1979 年在上高中二年级时，我与其他几个同学一起被选为布迪乌托莫高中的代表，参加光荣青少年科技团（KIR）。青少年科技团的成员来自雅加达最好的几家学校，如布迪乌托莫国立第一高中、国立第三高中、国立第四高中、国立第七高中、国立第八高中、国立第十高中等。每个学校派出三至四名代表。所有人员分为若干小组：数学组、生物组、化学组、物理组等。我参加了物理组，并被大家和组织委员会选为组长。

光荣青少年科技团物理组有一个组员是阿卜杜勒·阿齐兹。他是雅加达国立第八高中的代表，他比我大一岁，但读一年级。我们科技团开会及搞研究活动都在雅加达集克·蒂提洛街的印尼科学院。开展社会活动的设想也是从这里孵化出来。对我们这些被认为是有天赋的年轻人来说，这些活动就是个教学过程，可以发明实用技术，并应用到需要的地方。

经过讨论，我们物理组决定把三宝垄的密镇作为社会活动的地点。密镇是在三宝垄市西南的一个镇。在这个海拔 200 米到 400 米高的农产区，许多居民都需要水。

其实人们只需要往下走 100 米便有水源，并不算太远。然而，由于没有自来水管网，步行去取水费时费力。需要的就是水泵管道这些工具，把水送上山。

科学院的研究团队和我们找到了解决方案，其实就是简单而实用的技术，用一种小功率的泵，把水送到离水源100米高的居民住宅区。

我们物理组与指导我们的科学院研究人员一起到了上述地区。我把这当作度假兼调研。当地居民很欢迎我们，我们就住在他们家里。他们积极协助我们的调研和安装水泵及铺设管道的工作，所以只花了一个星期左右便完成了。完成后我们大队人马便回雅加达，但此后还一直进行定期监测，持续了一年。

我所领导的物理组的活动比其他组安排得紧，经常与科学院的研究人员一起，用简单易行的工具和技术，解决百姓日常生活中的实际问题，因而最成功、最突出，也最有创意。

密镇以三宝垄的红毛丹中心而著称。有一个市场"Krempyeng"，又名"Ace市场"，"Ace"就是这种红毛丹的爪哇语名称。此类红毛丹质量好，很甜，各地的人都慕名来品尝。

## 表演艺术教育是我宝贵的资本

我高中时在剧团受到的非正规教育，使我对社会问题比较敏感。这种意识在光荣青少年科技团时得到更进一步的系统化，成为我确立自己的立场、性格、爱心和学习知识的基础之一。这至今仍是我的一个宝贵的资本。对社会的爱心和各种形式的奉献不必等到成年，可以从青少年时代开始，以增强我们对老百姓生活问题的敏感性。

我高中时在剧团受到的非正规教育，使我对社会问题比较敏感。这种意识在光荣青少年科技团时得到更进一步的系统化，成为我确立自己的立场、性格、爱心和学习知识的基础之一。这至今仍是我的一个宝贵的资本。

# 本打算建鞋厂，却建了拖鞋厂

## 18

1987年，我在做承包商，在茂物的芝德乌勒普建了个筷子厂。这厂房规模小，只有800平方米。那个时候做生意只凭君子协定，只有信托资金，我是承包商，黄先生是买家。因此，建这个小厂也没有定金，都是我垫付。

利润无法实现，命运无法抗拒。刚刚建了一半，我的主顾、工厂的老板破产了。郁闷吧？当然。但我也只能认了。那时还不时兴上法院起诉，何况我是个小玩家。"真主啊，怎么办？我投进去的全部建设资金……"我十分无奈。

我把所有值钱的家当都变卖了，包括在过去的几年里带着我到处去办事的1981年产的本田雅阁大轿车。这样一来，我又回到出门靠公交车的日子。

还好，与此同时，我也找到了在雅加达北边卡普克·穆阿拉区一家鞋厂的装修项目，该厂属于品牌鞋"卡索吉（Kasogi）"的老板。在改造该工厂过程中，我结识了台湾出生的新加坡人、技术助理迈克尔·詹，他负责该工程项目的技术评估工作。

在装修厂房过程中，我经常和他一起吃午餐，分享经验和故事。在他眼里，我不是一般人。坦率地说，我对他的技术要求十分尊重，只要他提出来，我一定按他的要求完美地做出来，甚至可以一天24小时地工作。

"你为什么不自己开鞋厂？"有一次詹突然问我。

"需要的资本很大，我上哪去弄钱去？而我刚做的一个项目破产了。你知道的，我是搭公交车来这里的。"我回答说。

詹于是开始在一张纸上计算，样子十分认真。不久，他就拿出了关于他所建议鞋厂的建造和初始运作所需资本的计算结果，为1.5亿卢比。

当时，我想，这或许是一个机遇，去完成在芝德乌勒普的筷子厂那个半拉子工程。然而，我还是觉得很难找到出路。上哪去弄到钱，才能完成那个倒霉的工程并实现詹提出的建议？

显然，筷子厂老板黄先生是个好心人。他把那个未完成的工厂送给了我。其实那也是相当合理的，因为施工的全部费用都是我掏的钱。

该厂房定价5000万卢比，我从翁东·森陶萨贷得2500万卢比，用于购买土地，从老朋友阿里斯·穆里约诺贷得2500万卢比，去完成那个半拉子工程。该建筑完成后，钱用完了，一大房子空空如也，没有设施，更没一件家具。

我自己的投资占股份总额的50％。其他两个伙伴，翁东·森陶萨当初是品牌鞋卡索吉的合作伙伴，另一个阿里斯·穆里约诺现已去世，他俩每人各有25％的股份。因此，我们三人开始新工厂的合作，股份组成为50∶25∶25。

1987年是我第一次和两个朋友一起成立了股份有限公司。没错，一开始就按照詹的建议，做鞋。至于在故事的最后它怎么变成了拖鞋厂，我还不知道。

有了力量、决心、土地和建筑物这些资本，以及对未来业务的设想，我便从这里开始，第一次大胆地到国有银行——进出口银行，去贷款。

进出口银行马腰兰分行的主管斯里·查雅蒂是翁东的朋友，翁东把我介绍给他。

进出口银行拥有"小投资贷款——永久性流动资金贷款"（KIK-KMKP）项目，每年利率14％。当时，抵押贷款利率非常低，因为有政府补贴，而银行贷款利率一般为每年21—22％。如果与现在比，这个百分比是相当高的。

借多少？我不含糊，借1.5亿卢比。对于一个不满30岁的人来说，这可不是个小数。

从进出口银行一贷到款，我立即买了一些机器作为工具，有切割机、冲压机等。其中有20台蝴蝶牌缝纫机。还应该附上电机以替代脚踏板，因为我觉得这是工厂而不是家庭作坊。

迈克尔·詹开始设计鞋，准确说，是童鞋。我们发送样品给欧洲和美国的潜在买家。一个月过去了，两个月又过去了，三个月后还似泥牛入海，更别说订单。钱用完了。安拉！真不容易啊。没有别的选择。我不想就此打住。我们要尝试各种方法，其中之一就是詹夜以继日趴在桌子上干活。也许是已经发生的事情使他觉得不好意思，他拼命工作想保证拿到订单。

幸运之神终于来眷顾，订单来了，但不是鞋子，而是凉鞋。沙滩拖鞋在欧洲市场非常受欢迎。初始订单只有 1.2 万双。令人兴奋的情况开始出现。在好几个月只在运营成本上花钱而没有任何收益之后，我们终于能开始生产了。

1.2 万双的订单被分成两批，每批 6000 双。

客户收到第一批 6000 双的货之后都感到满意。虽然 1.2 万双的订单总量没有全部发货，但买家发出了重复订单。

最初的订单只有 1.2 万双，现在竟跃升至 24 万双。我们的自信心大幅回升，于是，我斗胆再去进出口银行申请贷款。这一次我有了信用证（L／C）的资本，订单多达 24 万双拖鞋，每双售价 1.10 美元。感谢真主，进出口银行给了我出口信贷。

詹这人挺了不起，他对我的帮助是无价的，而且太多了，从理念、设计、找订单，直到成功地得到订单，他从不计较报酬。谢谢你，我的好朋友。

我每天工作 18 小时，一个星期 7 天，一年 365 天几乎从不休假。我只是为了减轻家庭生活负担。一个工厂发展到两个厂、三个厂……最后，我们终于有了自己的工业区。

大约在 1991 年到 1992 年，我们有了四家工厂和一个在母公司帕拉集团旗下的工业区。1994 年，我终于决定向我的女朋友，我在印大口腔医学院的学妹安妮塔·拉特纳萨里求婚。同年，我决定跳出制造业，单独发展，没有与其他单位合作。

1987 年是我第一次和两个朋友一起成立了股份有限公司。没错，一开始就按照詹的建议，做鞋。至于在故事的最后它怎么变成了拖鞋厂，我还不知道。

# 妻子是家里的顶梁柱

**19**

我 1987 年从印大口腔医学院毕业时，安妮塔刚入学。那时，在她眼里，根据周围同学的信息，我不过是"从来不换裤子的穷学生"，只是在校内外十分活跃。就个人关系来说，我们俩并不很熟悉。

我学生时代留在校园里的"遗产"，比如楼梯下面的复印机，还有牙医器材设备，安妮塔那些印大口腔医学院的低年级同学还在用。然而，他们没有再举办我那个时代常举办的学生社会服务活动。

此外，歌声优美的爪哇公主安妮塔也成为 1980 年 6 月全雅加达独唱比赛第二名。我妻子的学习成绩也不容小觑。她被评选为印大公共卫生学院（FKM）医院管理研究（KARS）专业优秀研究生第一名。安妮塔从印大研究生毕业，加上我们的第二个孩子拉赫马特·德威普特拉的诞生，真可谓双喜临门。

## 邂逅

毕业几年后，我们在雅加达塔姆林街的加札马达面馆不期而遇。我当时穿的是全黑的衬衫，在请韩国来的合作伙伴吃饭，而安妮塔则与她的朋友在一起。

"晚上好，医生。"安妮塔说。

她以为我是口腔医学院的讲师。我穿黑衬衣可能看起来显老，其实我当时还不到30岁。我们没有说很多话。我在忙着招待我的伙伴。安妮塔也一样，跟她的同学说话。

她还在上大学时，我们其实也见过几次面，比如在我与朋友一起继续在校园里做生意，或是举办一些慈善等社会活动时。那时她根本就没注意到我，更不用说会喜欢我。显然，我们的家庭背景差异悬殊。

安妮塔的父母有加札马达大学医学的背景。安妮塔的父亲苏桑托·芒昆萨季托医生是从海军退休的，现在已82岁高龄。他在波兰获得深海医学专业硕士学位，时任海军卫生署署长。

她家的家规很严，所有家庭成员主要在晚餐时间进行交流，然后是集体晚祷，中爪哇习俗浓厚，言谈举止要求十分礼貌得体。

而我自幼在恶劣的环境中生活和接受教育，年轻时就必须十分努力工作。加上从父亲遗传的实武牙性格，只会直来直去。幸亏我还有母亲的巽他优雅性格的影响。可以想象我们俩的家庭背景有多矛盾，就像水和油，似乎互不相容。

在加札马达面馆邂逅一星期后，在我印大口腔医学院的同届同学结婚仪式上，我再次遇到了安妮塔。婚礼上，我成了众人瞩目的焦点，被捧为印大口腔医学院校友中的佼佼者。大家聚集在我身边，包括安妮塔。安妮塔还向我请教办企业的秘诀。自此，我们便经常通电话。

有一次，掌握了西爪哇普瓦加达工厂的控制权后，我来到了海军大院安妮塔的家。她看我站在门口感到有点惊讶。随着时间的推移，我们的亲密关系在发展。她父母并不太看好这段关系，因为按爪哇习俗来说他们觉得我不够彬彬有礼。比如吃饭的时候，我老是一边吃一边说话。

安妮塔也经常斥责我："牙医哎，你怎么回事？别这么着，弄得多不好意思啊。"

虽然最初我并不怎么招安妮塔父母待见，但这终究没有成为我的障碍。我采用肥皂剧里的各种战略，继续发展与安妮塔的亲密关系。说实话，我在认真教安妮塔学习生意经，这其中便有战略机会。我为她卖衣服出主意。恰好我有个韩国的鞋业合作伙伴，他在那里拥有一家服装厂。我要他发送一些服装样品到印尼。我知道，安妮塔是爪哇姑娘，肯定对服装感兴趣。我把这些韩国来的服装给安妮塔出售。但是，直到衣服都卖光了，她连本钱也没有还给我。但我认为这就是我接近她的成本。

我不习惯搞客套，也不喜欢轻易许诺。我告诉安妮塔的一切，都实事求是。包括我的家庭背景，甚至上学时选择已经上满了人的巴士，可以挂在门上，下车好逃票的故事。有好几次我和安妮塔约会时我去晚了，因为那时我还住在阿布巷，我家还没有自己的浴室，必须与其他邻居一起排队。这些，我都讲给她听。

安妮塔对我这样的家庭背景很惊讶，但也很高兴，因为我说的是真话。我还告诉安妮塔，我有责任支持我的家庭并供我的四个弟弟妹妹上学。

安妮塔在印大口腔医学院毕业后，1993年到1994年去新加坡补习商务英语。为此我们还分别了一年。她回来后，我决定向美丽的爪哇公主，26岁的安妮塔·拉特纳萨里求婚。我很庆幸我的申请被安妮塔和她的家人所接受。安妮塔愿意接受我，因为她认为我努力工作，守纪律，并对家庭有担当。

## 决定结婚

大约经过两年的爱情长跑，我觉得足够了。我们俩决定于1994年结婚。

婚后几年，我们住在雅加达南部芝普利尔区的外交部大院。一开始，安妮塔感觉到要调整自己而适应我的生活方式有些困难。几十年来她从小到大都是和家人一起吃晚饭度过时光，而我这时候还在办公室加班。

她看到我工作总是很晚才回家，甚至到凌晨，也感到心疼。渐渐地，她也明白我很喜欢这样的工作方式。安妮塔很理解为什么我很享受我所为之奋斗的各种事业的每一个过程。我们调整自己，互相理解和适应，并确立快乐和谐的家庭生活方式。

我从安妮塔身上学到了很多优雅的礼仪、爪哇式的举止风度，而她也得到了很多我所奋斗的事业的有关信息。不同的文化逐渐融为一体。

婚后，安妮塔在茂物红十字医院当牙医。每天从上午九点到下午两点，她要为几十名患者服务。她常常是站着给许多患者看病，只偶尔开处方时才坐下。红十字医院是最繁忙的医院，经常有高速公路交通事故的受害者来治病，因为它的位置靠近贾果拉威收费站。安妮塔几乎每一天都要为交通事故受害者治疗口腔伤病。

## 双喜临门

1996 年年初双喜临门，我同时有两个令人难以置信的好消息：梅加银行成为我的资产；我的妻子怀了第一个孩子，普特丽·英达莎丽。孕妇需要照顾，安妮塔从茂物红十字医院调到在雅加达牙托特·苏布洛托街的红十字会总会，因为如果孕妇每天都在雅加达和茂物之间奔波实在是太冒险了。

时间在流逝，安妮塔的孕周在增加。与此同时，我忙碌程度也迅速增加。有了第一个孩子之后，安妮塔也不是那种能待在家里的普通女人。她也想了解我所奋斗的事业。为此，2000 年，她决定回学校去继续攻读印大公共卫生学院的医院管理研究专业硕士研究生。她选择这个专业也是为了实现她建立一家医院的长期愿望。

从那时起，安妮塔同时扮演四个角色：我们第一个孩子的母亲，在雅加达红十字会总会的牙医，建设民族使者学校的工作，以及印大的研究生。2002 年初安妮塔怀上了我们的第二个孩子，又再增加一个角色，成了五个角色。

尽管时间有限，我还是抽空教安妮塔怎么做饭，甚至给女儿普特丽换尿布，虽然家里已经请了保姆。当我深夜回家时，家里所有人都已经睡熟了，我经常自己做吃的，不叫醒别人。安妮塔有时会通过卧室的门缝偷看我，有时她也会准备我最喜欢的零食，如煮芭蕉、番薯或面包果，释放疲劳的热饮料。在我品尝时，她悄悄走过来并从后面拥抱我。这时，疲劳瞬间一扫而光。

睡前小夜宵或早餐时我们总是在餐桌上无话不谈。当我想要做出关于公司的重大决策，比如将收购某个企业时，我总是第一个告知安妮塔。

满足养家糊口的需求，我们认为已经绰绰有余。儿童直接接受父母的教育是更为重要的。经过一番讨论后，我们一致同意，安妮塔退出公务员队伍，停止牙医的工作，在随后的每一天里都倾力教育我们的两个孩子，她成了我讨论问题的最亲密的同事，并经营她自己的事业，民族使者学校。

2001 年，当安妮塔决定建立民族使者学校时，我并没有给她资本。我想，她应该自己从零开始，才能懂得建立一个企业是个什么感觉，并享受创业的过程。她同意了。集资 1 亿卢比，我没干预。感谢真主，11 年后的今天，民族使者学校已发展壮大。

## 总找机会说说话

自结婚至今，习惯仍在继续。如果夜间还不算太晚，或者第二天的早餐时，如果还没出门，我们总是聊天。我演讲时，安妮塔经常陪着我。她要听我谈什么，如果有不明白的，晚上在家问我。作为妻子，她真的不想只会回答："我不知道，那是我先生的事。"梅加银行成立至今，每次开工作年会，安妮塔几乎从来没有错过陪在我身边。贤妻，交心谈心的同事，她就是这两者的完美结合。

在各种商业和社会活动之余，我们俩还一直是普通的家长。我经常教育孩子们，直接检查他们的家庭作业。

尽管也多次请过家教，有许多数学问题，我解释了，普特丽才能理解。普特丽说："爸爸解释数学问题，总是举现实生活中的例子。这样，我可以理解得很快。"

对于普特丽来说，我是她的榜样。怎么可能不是呢？普特丽从婴儿到学龄前，都能体会到我的直接爱抚。她是婴儿时，我便老给她换尿布。当她在蹒跚学步时，我每天上班之前几乎都要带着她四处走走。直至现在，普特丽才知道我这个当父亲的，要处理各种企业经营问题和国家的事务，工作很辛苦。

有一次普特丽问："呐，爸爸在家里总是笑眯眯的，那是不是不觉得紧张有压力了？"

我解释说，我从小在压力下生活并努力工作，已经习惯了。因此，它已成为常规。处理得好，压力可以变成动力，应把它当作日常生活的伴侣，轻松对待。

有一次，普特丽了解到我的人生旅程很艰苦，为了交学费和维持家庭生活，一边上学一边还要努力工作，她哭了。

"当初爸爸像我这么大的时候真不容易，我现在生活好了，因为爸爸已经站稳了。"普特丽说。也许是因为看到我企业家的形象，现在普特丽 15 岁就开始学习做事，即去做社会活动组织者。

我知道，父母是孩子基础教育的主要责任人，所以我处处以身作则，给孩子们做出榜样。

如果没有非常重要的社会活动，星期六和星期日我们肯定要带着家人出去走走。不仅如此，一年内我们要出去四次，三月是小朝觐，六月学校放假，开斋节假期和十二月年底假期。

2012 年我没能与家人一起去做小朝觐，因为作为国家经济委员会（KEN）的主席，我必须陪苏西洛总统去中国和韩国进行国事访问。在家庭度假的活动中，我必须详细准备所有必需品。即使是很容易做到的事，我也从不委托给别人办。

我们在公务和家务之间有明显的界限。在办公室里，也许我习惯了拍桌子，经常被贴上"严厉老板"的标签，但在家从来不这样。180度不同。

我也提醒妻子和我的孩子们，一定要遵守规章制度，不能搞特殊化，给其他员工做出榜样。例如普特丽，如果和朋友一起来参观万隆的 Trans 影视中心，如果不是和我一起来，也必须和其他游客一样排队买票。

我和安妮塔之间的文化差异慢慢消融，实现了互相适应。我也经常带着全家在雅加达路边摊吃美味小吃。家庭关系是最首要的。在应邀出席酒会等活动中，安妮塔总是陪伴着我。我们的融洽是实实在在的，毫无矫揉造作。

有一次安妮塔自己一人去参加亨德罗珀利约诺先生的一项活动，遇到优素福·卡拉先生（曾任和现任印尼副总统——译者注），他和安妮塔开玩笑说："你告诉凯鲁，别老一个劲儿赚钱了。要那么多钱干吗？"

优素福·卡拉先生是好意，他提醒我不要太忙于工作，否则很少有时间陪伴家人。这种评估是合理的，因为我们很少和他人包括我的好友优素福·卡拉先生，谈论自己的家庭内部生活。事实上，我们家已经有全家一起定期活动的计划，每个周末和每年。

我也会"上当"。我一直以为我的爪哇公主安妮塔和传说中的其他爪哇妇女一样温文尔雅。原来她是那么的坚定和强悍，在一些原则问题上，比如整洁和礼貌方面，她比我更厉害。

后来，我们扩大了她作为孩子们母亲的角色，在棉兰建立一个慈善基金会，收容亚齐和巴东因遭受 2004 年底海啸袭击而失学的儿童。在凯鲁·丹绒基金会（CTF）的旗下，她建立并运作迈达尼儿童之家（RAM），为在海啸中失去父母的孩子提供免费教育。

建立 RAM 后，CTF 还下设了高质量的高中学校，学生均来自贫困家庭，但具有较高天赋。CTF 承担儿童之家和学校所有学生的所有需求。作为 CTF 的主席，安妮塔直接管理此基金会的所有运作。我的妻子很热爱教育事业，为此，她现在还有一个愿望，继续上学读博士学位。

安妮塔·拉特纳萨里·凯鲁·丹绒，我的贤妻，孩子们的母亲兼知己，让我们相濡以沫，白头到老。我衷心地感谢你为我所做的一切。

我从小在压力下生活并努力工作，已经习惯了。因此，它已成为常规。处理得好，压力可以变成动力，应把它当作日常生活的伴侣，轻松对待。

与爱妻安妮塔·拉特纳萨里、女儿普特丽·英达莎丽、儿子拉赫马特·德威普特拉一起摄于望加锡的 Trans 影视中心。

定期举办的家庭成员生日活动，我们都邀请孤儿孩子们到雅加达突库乌玛尔大街的家里来做客。

每年开斋节前夕，我们家都邀请孤儿孩子们到雅加达突库乌玛尔大街的家里来一起吃饭。有时，我家人也去孩子们的住处去看望他们。

1994 年与两家父母一起合影的结婚照

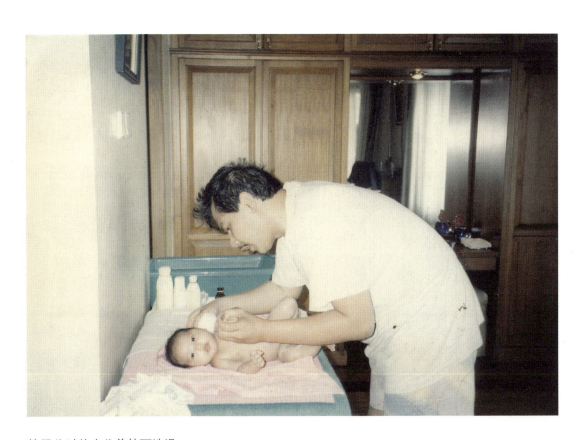

给婴儿时的女儿普特丽洗澡

与爱妻在雅加达突库乌玛尔大街的家里合影

全家在国家宫与苏西洛总统夫妇亲切交谈

# 妈妈就是我的一切

印尼人常说："天堂在母亲的脚下。"我很相信这个说法。甚至说，只要我们对母亲全身心地孝顺，那么我们在世界上就能够得着天堂。我自己便有亲身经历。过去我还在印大读书时，我已经对父母没有太多的要求。但是，在1995年，妈妈要求去朝觐，我反而不知所措。不是发愁她朝觐之旅的费用，而是不知道安排谁陪她老人家去圣地。

我问妈妈跟谁一起去朝觐，她只是回答说："不知道。"我自己陪伴母亲，还是请他人护送母亲去朝觐？我真的很困惑。此外，那时我自己对于朝觐完全没有思想准备，因为我才33岁。然而，在掂量了很久后，我终于决定，我亲自陪伴妈妈去圣地。一旦到达那里，我便能和母亲一起庄严而虔诚地还愿。

于是，我和我的母亲以及其他朋友一起，在Tiga Utama旅行社登记参加1996年的ONH Plus朝觐豪华团。通过该旅行社，我还获得了小朝觐奖励。每个登记了ONH Plus朝觐豪华团的会众成员都获得这奖励。当时，Tiga Utama包括一个最好的朝觐旅行社，有许多著名伊斯兰教领袖给朝觐团的会众进行朝觐指导。通过Tiga Utama，我还结识了奥马尔·谢哈布教授，他现在是印度尼西亚乌理玛委员会（MUI）的主席之一。后来还结识了扎因丁·M.Z.哈吉（已故）和绵·S.

乌诺女士。当时，Tiga Utama 的绵·S. 乌诺女士负责协助 ONH Plus 豪华团的贵宾和朝觐会众，包括我和妈妈。

后来，我和妈妈提前于 1995 年年底先进行了小朝觐，大约三个月后进行大朝觐之旅。此大朝觐之旅从此对我的生命和我的事业确实赋予了深刻的意义和庇佑。小朝觐那天下午，在我们乘巴士从麦地那至麦加的过程中，具有"百万忠实信众的导师"称号的扎因丁·M.Z. 哈吉，在巴士上向全体会众讲述了先知穆罕默德及其同伴的故事。

那时，太阳正在落山，而我和巴士内其他会众都穿着戒衣。从巴士窗口一眼望去，广袤的沙漠绵延万里，在夕阳照耀下金灿灿一片。扎因丁大师讲道：

> 有一次先知穆罕默德的同伴问他：先知……除了你之外，还有谁最受到真主的钟爱？先知回答说：有的，他是赛里曼·法勒西。然后同伴又问：呐，为什么真主的使徒会如此受到真主钟爱呢？先知回忆说，赛里曼·法勒西出身于贫穷家庭，而他的母亲想要去朝觐，但她连走路都不能。而且，去圣地的盘缠也没有。赛里曼·法勒西面对这一情况十分纠结。但最后，赛里曼·法勒西决定从离麦加很远的地方开始，背着他的母亲去朝觐。这样的旅行需要很多很多天，于是，不知不觉中，赛里曼·法勒西背上的皮肤都掉了。

听完这故事，我深受感动，想象赛里曼·法勒西背着他的母亲前往麦加，得承受多大的困苦。此时，我也正在和妈妈一起前往圣地。赛里曼·法勒西对他的母亲是多么的爱和孝顺，甚至愿为母亲做出牺牲。原来，孩子为父母，尤其是为母亲而牺牲，可以得到真主授予的特权。

从麦地那至麦加这一路上，我真真切切被这则故事所感动，禁不住热泪盈眶。

这故事与我的生活历程竟如此相似，以至于我一辈子都不会忘记。我必须再次声明，我今天已经取得的一切成果，都是来自于真主的恩赐和嘱托，以及妈妈祈祷的非同寻常的力量。在出发之前的准备工作以及在圣地期间，包括整个朝觐的过程，我都照顾好妈妈，安排好妈妈的一切需求。

绵·S. 乌诺女士说："看到他一步一步地、十分细致地照顾好母亲的整个朝觐过程，真让我感动。从一开始向魔鬼掷石头，直到环绕天房祈祷等，凯鲁·丹绒先生一直在抱着他母亲，就像是一对恋人。他的关怀体贴令人难以置信，给人的直接印象是他非常孝顺。"

看到他一步一步地、十分细致地照顾好母亲的整个朝觐过程，真让我感动。从一开始向魔鬼掷石头，直到环绕天房祈祷等，凯鲁·丹绒先生一直抱着他母亲，就像是一对恋人。他的关怀体贴令人难以置信。

# 返校 "充电"

**21**

1989 年前夕，我已经有两三家工厂。在追加投资之前，我还找进出口银行贷款。该行的一个主要条件是提交完整的企业财务报表。

所有财务报表、资产负债表、利润表等，我都交给了信贷部的负责人，他向我提意见说："凯鲁先生，你这资产负债表做得不怎么样，请拿回去修改，然后再来。"

由于我一直做的都是小规模的企业，我的财务知识还停留在初级阶段。我以为"修改"只要把数据改大就可以了，首先是负债（企业的责任），其次是资产。几天后，我去银行，却再次遭到拒绝。"哇，这次做得比上次更糟，先生。"我们的财务报表，资产数额应该大于负债额才对。从这时起，我认为自己应该再回到学校去学习。

于是，在 1989 年，我与阿卜杜勒·阿齐兹、米尔扎等一起进入在雅加达铭登的 PPM 管理学院第 11 期。当时的工商管理硕士（MBA）课程很火，几乎所有的学者都希望取得此学位。而我只是想学习更多知识，特别是财务方面的。

所有新生都挂着胸牌，等候点名。当点到我的名时，我前面的一个人吃惊地转过头来。"哈！鲁！又见到你了！"他就是阿齐兹，我在 1978 年青少年科技团时很活跃的朋友。

在头 6 个月的课程中，我很积极，从来不旷课。但后来，在我认为自己能够掌握全部课程时，再加上公司里业务太忙，我开始旷课了。

学生旷课在考核成绩中占 80%。如果学生总考勤小于此，肯定不许他参加考试。考虑到这一点，我特意把签名设计得很简单，以便很容易被"代表"我去上课的朋友在签到簿上模仿，而我自己并没有去听课。幸好那时还没有指纹考勤，要不然就不可能作弊了。

23 年后的今天，我坦白公开这耻辱，希望年轻人不要模仿。

快速阅读或浏览是必修科目之一。我上高中时课外学习表演艺术接受过阅读训练，竟在这里派上用场。结果，这门课我得了最高分 A+，因为当就某一本书的内容进行考试时，我能够详细而准确地回答问题。有一些朋友问我有什么诀窍，我只是指指自己的脑袋，长长地回答："呼！"大家都笑了。

迄今为止，我的快速阅读能力在日常生活中非常有用。办公桌上的一大堆文件如果仔细阅读要花费好几天时间，而我只用不到 30 分钟。

虽然这 6 个月听课并不多，但每次考试和同学们举办学习小组，我都参加。当他们讨论时，我一般不发言，倾听和关注，几乎不提问。因为同学们知道我很少听课，低声说："你这个鲁，最多得个 B。"

我只是笑笑。第二天考试，阿齐兹看到我的分数后抱怨："你很少听课，但能得到 A+，而我这么努力学习，怎么才 B+？倒霉！"

我几乎所有的科目都是 A+，或至少是 A。统计、经济管理，尤其是会计学。我对所有科目能理解这么深刻，是因为这些科目我都有直接的实践经验。

1992 年，我在城区的办公室可能是第一个装备了局域网（LAN）的中小企业办公室。

不知不觉一年半的课程完成了：1992 年 8 月 1 日，我完成了 PPM 管理学院的课程，但并不拥有工商管理硕士学位，因为我没有全部读完教育部所规定的管理学硕士的同等课程。

必上的六门课，其内容与我们在现场实践中所学到的各种理论大体相当。虽然是免费的，但我没能跟着学，因为我觉得我实践过了的已经足够多，而各种理论的实际应用，我在此之前已经做得更深入。对我来说，学位并不太重要，重要的是知识。

1993 年，阿齐兹加盟我的一个农业公司。此前，他是茂物农业学院的毕业生，在一家公司即农业企业发展中心（PPA）工作。阿迪·萨索诺和达旺姆·拉哈佐曾是他的领导。

此后，达旺姆·拉哈佐邀请阿齐兹加盟《古兰学》杂志。那时此杂志很知名，是国家伊斯兰学院（IAIN）从学士到博士的学生参考书。当时，他还积极参与社区发展中心（PPM）的工作，这是一家总部在日惹，主要活动在雅加达的非政府组织，由阿迪·萨索诺领导。

在 1994 年，我通过阿齐兹的关系又结识了阿迪·萨索诺先生，并开始经常与他交换意见，主要讨论有关民主经济和整体性领导等问题。

## 鞋厂移交给阿齐兹

我在芝德乌勒普建的那家鞋厂，后来移交给阿齐兹，因为我觉得他能领导好。1995 年，他得到出口促进委员会负责人伊斯梅特·阿卜杜拉先生的帮助，从韩国引进若干专业技工。

阿齐兹觉得订单挺多，便借贷再投资。我给了他 1 亿卢比。不过，我提醒阿齐兹，鞋业正在衰退，因此它应该被抛弃。但是，阿齐兹坚持认为鞋业有前途。作为好友，我没有别的选择。

我已经提醒他：只支付工资和购买原材料，企业运行资本是会枯竭的。但阿齐兹还在坚持。最后，1997 年 1 月底，他报告了该工厂运营的最新发展。"鲁，你是对的，我不能再继续这样了，我投降，破产了。"

"我很久以前就告诉你了。咱俩都知道的，如果我得到 A+，你得到的是倒霉。"

这次失败并没有影响我们之间个人和工作上的亲密关系。后来我让阿齐兹介入很多人道主义项目，比如"我们关心印尼"、印尼人道主义委员会基金会和印尼红十字会等，与苏如迪先生、马利·穆罕默德先生一起工作。

迄今为止，我的快速阅读能力在日常生活中非常有用。办公桌上的一大堆文件如果仔细阅读要花费好几天时间，而我只用不到 30 分钟。

# 调整经济结构，
# 杜绝人为贫困

自从 1994 年阿齐兹介绍阿迪·萨索诺先生以来，我逐渐学会了用不同的视角来看待许多问题。随着时间的推移，见面讨论的强度和频密度在增加，我的知识量也在增加。

在哈比比总统时代，阿迪先生曾领导合作社部，被戏称为"最危险的人"，因为他直截了当地提出各种亲民政策。其一些观点，与我在 1978 年进入高中并介入表演艺术圈，受到一些重要人物影响而产生的新思想如出一辙。"相聚"有不同的方式，思想的相聚在某种意义上比人的相聚更重要。

阿迪·萨索诺曾是学生领袖，现在是非政府组织的负责人。我在印大时也曾是学生领袖。阿迪在其 20 世纪七八十年代的著作中重点论述了经济结构主义的理论，他深入钻研国家经济制度的各个方面，并且认为，这些经济制度导致了人民生活的贫困。他试图解释，为什么一个有着非常富裕的自然资源的国家竟然会如此贫穷，社会如此落后。

我自己来自一个贫穷的家庭，十分厌恶贫困，为此，我觉得和阿迪很投缘。

本篇是阿迪和我经常讨论的主题，其内容完全没有对现实不满的意思，而只是一种鞭策，一种避免犯错误的提醒，特别是对我自己。希望广大读者能接受，且不至于发生任何偏见。

## 结构性贫困循环

此贫穷是人为的，因为我们的经济结构、政治、社会产生出的富人少而穷人多。这样的结构在现实中的表现，是富人越来越富，穷人则越来越多，而且不幸的是，穷人增加的不是财富，而是孩子。

有一种理论认为，当我们完成经济增长的时候，对下层会有渗透效应（积极投资效应）。即，如果人均收入达到 1000 美元，会自动缩小贫富差距，实现新的平衡。此理论并没有被实践所证明，因为已经掌握资产的力量此后会与政治当局联合，实现钱权交易。因为他们有能力给政治付费，给当权者付费。当权者可以为有钱人提供保护、许可证，以及各种便利和特权。

于是，无形中出现了上层阶级的联盟，而与之对立的下层阶级则被置于施舍对象的地位。是的，这就是在高温撒哈拉大沙漠中解渴的淡水，或曰雪中送炭。即使这样，现有的结构也不会改变，仅仅能维持现有的不公平。时间越长人们会越来越依赖，逐渐失去独立自主的意识。这便是我们正在运行的宏观框架。

## 寻求解决方案

如何解决呢？上述问题中的关键词是"资产控制权"。我们先要了解资产是什么。

资产的意思，不只是金钱或土地，而且还是经济资产，包括获取市场信息、获得融资、获得技术和获得决策权的手段。所有这一切就是资产的意思，而且符合宪法规定。

我们的想法，是给人们以同样的机会。不是只给富人和聪明人这些机会。不能让穷人的孩子没钱上学而更穷。不能让孩子因为穷而失去脱离贫困家庭、失去往高处走的机会，尽管孩子可能很有天赋。

穷孩子还有一种情况是营养不良，他们的成长完全缺乏健康条件。瘦弱的身体更不可能有竞争力。

有钱人营养好，上重点学校，受更高教育，效率更高，再加上能获得广泛的资产，他们最终还是富裕的。

相反，穷人营养不良身体弱，加上大脑能力弱，更是雪上加霜。缺钱上学，生产率当然低，再加上缺乏获得资产的手段，他们最终还是穷困。贫困循环便这么延续下去。

这样的社会状况是不健康的，它不会终止，只会使穷人变成施舍和慷慨的对象。这是危害人类的罪过，因为穷人穷得就剩下一点尊严了。而施舍穷人是由富人和政府通过举办各种活动来实现的，穷人仅存的那点尊严也被剥夺了。

## 公共政策的修正

有关资产分配的问题应该进行再思考。最关键的问题是教育，这是使穷人脱贫的人道主义基础，应成为国家义务的一部分。

我们欠人民的是消除贫困，因为这是殖民地时代留下的社会现象。所以，如果民族独立了却依然贫困，那就说明，我们不论自觉或不自觉，其实还在继续实施殖民地的经济结构，因为我国的资源是非常丰富的。

资源贫穷的国家，一年不可能有两到三次的农产品收成。我们是全年阳光普照的国家，有这么多的矿山，如此浩瀚的大海，丰富的渔业资源，海岸线长达4万多千米，还可以通过水上养殖进行优化。

具有这样丰富资源条件的国家，为什么还会这么贫穷？似乎很难探究。因此，贫困全是人为的。有朋友开玩笑说，给穷人捐赠，是一个"除臭剂项目"，也就是腋下除臭剂，并不能从根本上解决结构性问题。总之，应该修正公共政策，尤其是涉及经济资源和资产分配方面的政策。

## 平民主义的社会经济

此外，我们必须有众多的中等企业家阶层，发挥火车头的作用，因为穷人如果没有民营工商企业的发展是不可能脱贫的。为此，必须优先发展社会经济，而不是创造大型企业，垄断经济并吸走其中的一切，就像早先殖民地时代那些外国掠夺者所干的。

有一种理论认为，如果一个国家有2.5%的人有创业精神，那么这个国家能够进步。目前，我们只有0.2%的企业家。我们需要有更多企业家起火车头和榜样的作用，带领其他同胞致富。

我们需要很多平民的爱国企业家，因为这是人道主义的使命，也因为钱财是生不带来死不带去的。这是最真实的民族性格。我们必须这样做，而不只是夸夸其谈。这还只是在微观层面上，而不是在宏观层面上。但这并不是说宏观已经没问题，还有很多有关各种货币政策和财政政策的功课要做。

还有件荒唐的事。我们在玉米收获的季节反而进口玉米。当勿里碧洋葱丰收的时候，从菲律宾进口的洋葱也来到勿里碧，导致洋葱价格下跌，农民亏本。收获本应是农民欢乐的时刻，却成了农民的灾难。我们不需要此类机会主义的奸商。要爱惜我们的农民，他们有权获得与他们在种植和维护庄稼的过程中流出的汗水相称的收益。

我的经济概念是平民的社会经济。我的民族主义是平民的民族主义，比如说，不能只是因为民族企业家效率低而帮助他们对抗外国企业家。民族企业家，如果其行为是剥削其员工，与外国企业家无异，甚至更糟，因为外国人有他们国家的道德标准。这就是所谓资产阶级的民族主义。

我们的民主还必须是平民的民主，而不是程序上的民主，即通过贿赂搞民意调查，然后进行的选举。此类"民主"皆出于经济利益，而非出于自觉和主动的意识。如果发生这种情况，那么所谓尊严只是等同于印尼卢比而已。

如果修正了教育不公平和经济资产分配不公平，平民的民主是可以办到的。收入不公平是经济资产控制权不公平的产物。所以，要从根源上解决，必须对生产性资产进行再分配。

此外，国家政策应该向自由市场中的弱势群体倾斜。自由市场的本质是平等的，但如果玩家不对等，这意味着市场经济还不完善，没有公平竞争。

如果有人成功了，他必须分享，为他人创造就业机会。就业机会创造收入，收入再创造对于商品和服务的需求，从而推动整体经济效益。

富人的自私必然导致大量穷人购买力低下，最终导致社会对立，关系紧张。

## 我所选择的道路

阿迪先生在离开部长职务后，与一些观点相近的朋友一起，至今还在继续努力探索。我不是不同意他们，而是更喜欢以不同的方式来实现梦想。我想到已故父亲那么执着于理想主义，因为与苏哈托总统政见对立而最终鸡飞蛋打陷于贫困。我自己必须学聪明点，继续为 CT 集团公司属下诸多企业的几十万人的生存而战。

我更愿意考虑，一个非富裕家庭的孩子，如何能靠自己的努力和聪慧最终脱颖而出。我总认为，人类的功能是分享。按照宗教教义，我们的目标是成为最能分享的人，最有奉献精神的人。这一切都要从我做起。

我寻找我自己的方式，比如给同胞们创造就业机会等。我要证明，穷人的孩子凭着坚强的毅力，以完全不相关的背景，同样能够获得成功。

什么是美国梦？努力工作，省吃俭用，可以在美国成为一个成功的人。但这是个人主义的梦想。如果是印尼梦，我们要考虑结构问题，要建立自立的社会，人人都更体面，更有尊严，更有道德，而不仅仅是关注个人。

实施国家政治主权是非常重要的，但国家政治主权的实现要靠企业家的高效、严谨和充分的自立，因为没有经济主权就不可能有政治主权。

当今还有一个主要问题，是在意识形态方面迷失方向。一群人像无头苍蝇一样，更关注的只是敛财和谋权。在宗教上，我们说这是回到了蒙昧时代。

在蒙昧时代，人们追求财富。这种取向不可能创造文明。人类的优秀文明必须建立在爱情、分享、诚信、生命的尊严的基础上，而不是不择手段，靠搜刮、耍弄权术等获取好处。

这是文明的最低标准。我们本来应该早就超过它了，因为我们有潘查希拉（古代印度的佛教徒用于描述道德经的戒律）的指导原则。不幸的是，如果因为我们还是把自己限制在外国模式的经济统治制度的框架内，我们便不能发展个性，也就不可能实现这文明。

这是很危险的，我们给有钱、有资产的外国人鞠躬，就像还在旧时代，而其实我们自己的国家相当富裕。依照 1945 年宪法，这些财富属于人民。

还有一个例子，是在山坡上的泉水控制权。对于附近社区和农民来说，这就是他们的生命之水。这泉水被某大企业加工和包装后分送到遥远的各地。饮用水的包装技术有多难？为什么当地人控制不了这个行业？

## 梦想尚未成真

我做了一些工作，其中包括创造就业机会，在全印尼许多城市为贫困儿童创办各种优质重点学校；还举办了各种政府和非政府的社会活动，促进社区发展和宗教教育等。但我对国家的贡献还太少。

我还梦想在印尼每个区开设很多图书馆或平价书店。书籍是世界的窗口，阅读是打开此窗口看世界的过程。当受教育者日增，社会智力提高时，贫困率有望降低。愿安拉给我时间来实现各种梦想。

## 印尼 2030 年愿景的基础

我与阿迪·萨索诺先生的一系列讨论对于我办公司以及在社区的其他各种活动至今有非常大的影响。与阿迪的思想交流和对话也成为我通过"印度尼西亚论坛"编制《印尼 2030 年愿景》的基础之一。这也是我作为国家经济委员会（KEN）主席的思维方式的基础。

我们需要很多平民的爱国企业家，因为
这是人道主义的使命，也因为钱财是生
不带来死不带去的。这是最真实的民族
性格。我们必须这样做，而不只是夸夸
其谈。

# 经济危机

1997 年在亚洲和印尼的金融危机，以及紧接着开始于 1998 年的所谓"多维危机"，给历经了多年稳定的印尼带来了巨大的社会动荡。

许多公司倒闭，导致大量裁员，失业率急剧增加。在质量和数量方面，贫困率在飙升。食品短缺进一步恶化了局势，所有食品都贵得普通印尼人都买不起。

此时在我的许多公司，感谢真主，基本上没有受到影响。而即便是受影响的公司，影响也并不很严重。我觉得自己很幸运，在此危机中得以生存，公司以这样的方式仍然能够运行，而其他许多人站都站不稳。

其实，梅加银行在当时甚至已经开始获得不小的收益。我受影响较小的主要原因，是我把危机看作机会。当别人都停止投资时，我反其道而行之。例如，我在危机期间还在万隆建立了购物中心。当危机结束时，我已经有了稳固的扩展平台。

此外，我在危机期间还推出扶贫计划，此举受到公众舆论的称赞。但我必须强调的是，我们的动机与提高我们的公众形象无关。

我觉得有必要提及另一个因素。不幸的是，那时有很多人把苏哈托总统庇护下的印尼华裔商人财团当作泄愤的对象。我作为一个"原住民"，并不受此影响。

由于许多企业家寻求离开印尼，自然给那些眼睛还盯在地上的人留下许多机会。正如我以前说过，我还像父亲那样，从来就不拐弯抹角——当时，这就是现实。

这对于梅加银行来说是尤其重要的因素。许多银行业主都纷纷离开印尼，给他的员工和顾客留下了很多不确定性。而富有的私人银行业客户，由于与其账户管理人员关系密切，他们对发生了什么事情始终心里有数。

他们该怎么办？他们对把自己的亿万钱财放在出走者的银行里当然并不放心。与此同时，他们显然也不可能把钱放在床底下。这便是梅加银行出场的时候。谁都知道我不会离开印尼，而且很受印尼公众欢迎，不太受到席卷全国的社会动荡的影响。

例如，大街上跑的梅加银行的车辆是唯一在国内继续显示银行标志的银行车辆。于是，大量的钱流入梅加银行，因为我们是留下来的可以信赖的银行之一。

## 建立 KKI 基金会

随着苏哈托总统的倒台，苏如迪教授也从卫生部部长的职位退下来。还有马利·穆罕默德，是印尼的经济大师之一。我与马利、苏如迪、范妮·哈比比（已故）、伯恩丹·维纳尔诺、帕蒂威·苏达尔莫诺、侯赛因和班邦·拉赫马迪一起，共同组建了一个正规的基金会，命名为 KKI，即"印尼人道主义委员会"。

该基金会的工作主要是帮助克服经济危机，完全在政府之外，以脚踏实地的方式直接进入该领域。

我们的工作区域仅限于雅加达的贫穷地区，包括卡布和芝灵津。

我们把专家们直接派到现场，在每个村收集数据，分析并考虑如何解决当地的贫困问题，提出方案并加以实施。专家们就住在当地人家，直接感受老百姓的困难。周围的社区都积极参与，因为这项基本工作方案具有社区发展的特点。

我们给每一个最贫穷的村庄拨款 10 亿卢比。我们把这么多预算分为三项：一、作为一种刺激推动经济；二、改善公共设施；三、防止儿童辍学。

用 4 亿卢比的资金，为被裁员的工厂工人提供技能培训；为妇女们提供鲶鱼养殖和裁缝技术培训；建立摊位，供百姓出售加多加多（印尼式凉拌色拉——译者注）。

接下来的 3 亿卢比，用于改善公共设施：修理好已损坏道路；兴建新的道路；

装修学校；建公厕。我当年住在阿布巷的时候曾经像他们一样，环境非常不舒服。这样，他们便能够独立，从我们协助建立的各种小型企业获得收入。

在防止儿童辍学方面，我们认识到，打破贫困循环的唯一途径是教育。我们把为每个村提供的总额为 10 亿卢比中余下的 3 亿卢比作为奖学金。

## 现在的 KKI

KKI 最初在侯赛因先生位于勃拉维查雅大街的家里办公，自 2003 年至今则设在邦戈路。1998 年至 1999 年我曾直接领导基金会一年，并直接介入扶贫项目的工作。自 1999 年以来我把具体工作交给阿齐兹，并继续担任领导直至 2010 年。阿齐兹在扶贫项目刚开始时也是在老百姓家住了好几个月的专家之一。

2000 年，我们看到在 1998 年金融危机发生后那些救急的事已经基本做完，便把 KKI 的主要工作转移到预防毒品方面。

经实地调研我们发现，毒品的发展过程类似于 HIV 病毒，主要是通过注射器传播。这两样东西就像一个硬币的两面。于是，在 2005 年，KKI 又增加了减少艾滋病毒在社区传播的工作。

此后，我不再特别积极地投入 KKI 日常运作。如果大家都行动起来，同胞们互相帮助，不需要依赖政府，一切都会是那么的美好。让我们擦干眼泪，打破贫困的恶性循环。

如果大家都行动起来，同胞们互相帮助，不需要依赖政府，一切都会是那么的美好。让我们擦干眼泪，打破贫困的恶性循环。

# "我们关心印尼"

1997 年的世界经济危机在随后多年避免不了地发展为印尼多维危机。人民为此饱受痛苦，失业率居高不下，人们甚至担心城市会发生大范围饥荒。

1998 年 KKI 在芝灵津所做的工作方案，已经开始运行并取得成功。但发生危机的地方并不仅仅是雅加达，而是在全国各地。为此，必须有更大的行动，有更多在这个国家更有影响力的人参与，动员全体人民一起来做扎扎实实的具体工作。

于是，我们做了一个名为"我们关心印尼"（英文 We Care Indonesia，缩写为"WCI"）的一台节目，旨在动员有能力并关心这个国家的所有印尼人，来帮助正在受苦的同胞们。首先，最重要的是要提高关注度，增强同舟共济的归属感和同胞情。所有的大众媒体、银行，以及其他一些私营公司，都在动员之列。他们都积极参加和支持此项活动。

实际上，这项计划给了梅加银行做公益广告的动力。广告主题为"佐科、阿宗、西托鲁斯"。这三个人物中，佐科是爪哇公务员，阿宗是印尼华商，西托鲁斯是巴达族律师，他们和谐地在一起成长、工作和生活。这宣传片旨在传达民族和谐、共享印尼美好未来的声音。广告还提高了梅加银行的声望，成为"亲近草根阶层的银行"。与此同时，梅加银行还发放了 10 万包免费食品。

## 五家电视台积极参与

一些电视大腕，如 RCTI 的亚历克斯·库马拉、代表印尼教育电视台（TPI）的伊沙迪·S.K.、ANTV 的内尼·苏马威纳塔、Indosiar 的汉多科和 SCTV 的阿古斯·穆利安多，都一致同意举办一个大型活动，由这五家私营电视台同步现场直播。当时私营电视台只有这五家。

这些电视台定于晚上 7 点在茂物宫现场同步直播筹款活动。这么多电视台一起同时直播，在这个国家还是第一次。在以前新秩序时代这是很难做到的，除非是直接与苏哈托总统有关的事。

本次活动的灵感来自于美国的一则电视节目《拯救生命》（Live Aid），是由鲍勃·格尔道夫发起的通过电话和现场直播的一项大型筹款活动。在此活动中由迈克尔·杰克逊演唱的题为《我们是世界》（We Are The World）的歌曲从此传遍全世界。歌词片段是："我们是世界，我们是世界的孩子，我们是创造光明的人，让我们伸出救援之手……"我们也为之感动，并一致赞成在印尼举办类似的活动。

## 多方参与

参与"我们关心印尼"活动的单位和个人特别多，而且极具影响力。电视台、媒体、银行和许多大公司。由于是全国性的，此活动要做得非常大。我们决定于 1999 年在茂物宫举办。

此地点的选择是考虑到茂物宫具有代表全印度尼西亚的意义。茂物宫是一座宏伟的建筑，我们就把它当作背景。我们决定不使用帐篷，以获得宏伟的全景效果。所提供的食物不用订购送餐的方式，而是邀请茂物一带"屋檐下的摊贩"。有炒豆芽、马尔塔巴克（一种面点——译者注）、茂物牛肉汤、鸡肉沙嗲等典型传统小吃。选择这些做法，是为了与举办活动的意图相一致，即帮助老百姓。

在茂物市的宏伟宫殿举办活动不是一件容易的事情。为此，委员会还直接向哈比比总统做了汇报，解释举办 WCI 的意图和目标，并请求他直接批准我们用茂物宫做活动地点。总统同意了。

在此活动中，谁想要捐款，所有电视观众即刻便知，因为他打电话有五个电视台在现场直播。这样做，整个筹款过程非常透明。从全印尼各地的捐款都汇集起来，其中也包括哈比比总统。他由国务秘书阿克巴·丹绒陪同，亲自来到活动现场，捐款 10 亿卢比。

## 雨的考验

举办活动之前一星期，茂物市的天空看起来基本放晴，即使有也只是毛毛雨。我没有忘了这点，也请了驱雨巫师，祈望到时候别下雨。

我认为所有筹备工作已经万无一失。我参加了最后的准备工作，直到凌晨三点钟，然后回去休息。我们委员会的成员在举行活动之日下午三点钟，在活动地点集合。然而，似乎天公不作美，日落之前，大雨竟倾盆而下，浇湿了我们在露天没有帐篷遮盖的所有设备。就一个小时的雨，把我搞得一脸苍白。事实上，总统、部长、大使以及所有的受邀嘉宾都到场了。

所有的电视台都找来别的节目填补因下雨而造成的节目空缺。大约在晚上 8 点雨终于消退，所有工作人员无一例外都在"大扫除"。拿新座椅代替潮湿的，全部都擦干，干燥电缆以免短路。这时候，属于化妆师的电吹风大派用场。这是全能的真主对我们的考验。

晚上九点整，我们终于直播了"我们关心印尼"！数百名印尼顶尖艺术家与艾尔温·古塔瓦率领的乐团活跃在舞台上。他们不仅贡献优美的音乐，也为这个国家贡献了精神和物质。

筹款晚会结束后，所有人都认为"我们关心印尼"的活动举办得非常成功。虽然活动已经结束，但我们加深了了解，彼此更加亲近。后来我还因此建立了 Trans TV，而参与组织此次活动的许多人都来帮助我，如亚历克斯·库马拉、内尼·苏马威纳塔和伊沙迪·S.K.。事实上，伊沙迪先生仍然很专一地与我一起，在 Trans 公司工作。当初我们在思想上和行动上一起克服人民所遭受的危机，后来一起出主意建设国家。这是一次有历史意义的经验，令人难忘。

该计划旨在动员有能力并关心这个国家的所有印尼人，来帮助正在受苦的同胞们。

在茂物宫的"我们关心印尼"大型筹款活动中与哈比比总统及其夫人（已故）在一起

大雨过后，在清新的毛毛雨中，茂物宫前的"我们关心印尼"大型筹款活动正式开始。

# 一卢比收购梅加银行

**25**

1995 年，我已经拥有金融企业帕拉多种金融公司。此外，我还在做房地产项目并着手建立万隆超级购物中心。

一天早上，晨祷后，印尼开发银行总经理阿巴里·苏卡纳尔先生打电话给我："凯鲁先生，你要银行吗？"

"什么？先生怎么这么问？"我听到这话以为他在开玩笑。

"这里有一家属于印尼开发银行的银行，还有其合作伙伴，状态不佳，必须有人接管，以便恢复健康。"阿巴里先生澄清说。显然他是认真的。

"先生，我不知道，我以前从来没有管理过银行。您知道我的能力。但如果您认为我合适，嗯，我会做的。"这一次，我的回答是认真的。

"那太好了，今天晚些时候咱们见个面。"阿巴里先生挂断了电话。

那天中午我们在阿雅杜塔酒店见面，在西玛餐厅用午餐。有阿巴里先生，再一个是印尼央行监管部副主任布迪·罗查迪（已故），一边午餐一边长谈。

返回时我把布迪先生送回印尼央行。在车上，他问我各种各样的问题，就像是在对我进行审查。

显然，他十分重视我的回答和我做的各种工作。

"这样吧，明天你给印尼央行送一份书面申请，履行尽职调查过程。"他在印尼央行大堂前下车时说。

"好的，先生。"我简短地回答。

我开始犯嘀咕，一路上便琢磨这"尽职调查"究竟是怎么一回事。我经常听到这个词，但是真正接触这是头一次。这究竟是什么意思？

我回到了印尼开发银行大厦我的帕拉多种金融公司的办公室，找一些原先做过银行职员的同事们来开会。我们在大厦里占据了三分之二的楼层。这个地方同时也用作万隆超级购物中心的办公室。

已加盟我公司的原进出口银行职员苏亚迪（已故）详细解释了"尽职调查"的意思。在得到解释后，我召集整个团队征求意见，包括班尼（现在是伊斯兰梅加银行的总经理）。"好事，先生，这对我们来说是一个机会，咱们干吧。"他们全体都赞成。

我于是下令："如果你们都认为这很好，那么，请帮忙召集你们的人建立团队，编写央行要求的尽职调查申请书。"

申请书当天便完成了，第二天就必须送到印尼央行。这个过程这么快，得益于原来在金融和发展监察委员会（BPKP）工作过的同事。

## 为什么是我呢？

我必须解释一下，为什么这家银行要被"处理"的时候，我成了接管它的第一人选？在今天生意场上，这样的方式也是很罕见的。当时，有两家有问题的银行需要处理，梅加银行（当时叫卡尔曼银行）和 IFI 银行，梅加银行的状况极差，而 IFI 银行尚有回转的机会。

实际上，这两家银行原来打算捆绑在一起，处理给一个与政界关系密切的商人，但这个人最终只同意接收 IFI 银行。由于他与苏哈托政府内部的关系很硬，印尼央行只好这么办。剩下没有人要的梅加银行面临被清偿的局面，于是才找到我。

我与国营银行打交道多年，而且我是土著印尼人，在生意场上已有多年的建树。如果我不接手，该银行注定要倒闭。实际上，他们并非诚心帮助我，而主要是因为梅加银行如果没有人接管，其起死回生的机会微乎其微。我觉得，为了银行业，也为了这个国家，努力救活此银行，是我作为一个印尼人义不容辞的责任。

## 冒险的决定

两个星期之后，我们终于拿到了梅加银行的情况报告。这是生了大病的小银行，其在印尼央行的未偿债务高达 900 亿卢比，不良贷款超过 90%。梅加银行的运作技术含量很低，全都是纸质文件，计算机只有两台，一台在雅加达董事会秘书办公室，一台在泗水。晕！

我对印尼央行说实话："先生，这家银行病得不轻。你们怎么对我这么信任，我连管理银行的经验都没有啊。"

印尼央行回答我说："凯鲁先生，我们需要的是有诚信的人来做救援工作。另外，根据我们所掌握的跟踪记录，我们认为您最合适，而且有能力。"

此回答开始了一个没完没了的伤脑筋过程。这可真不是闹着玩的。

当时央行愿意提供金额为 1200 亿卢比的软贷款，其中 900 亿卢比偿还未偿债务，剩下 300 亿卢比周转，使软贷款可以在最长 15 年的期限内偿还。利率最初上限为 1%，然后逐渐上升，最终达到市场普遍接受的商业利率。

此后我们的团队非常小心地整理出一套详细的计算结果，作为建议提交到央行，其中包括我们对未来 15 年的预测，及其他所有相关的重要信息。等待央行决定的过程很长，因为文件必须层层报批，直至行长。最后，根据央行行长会议的决定，央行同意我们获得梅加银行，条件是我们必须缴纳 500 亿印尼卢比的初始资本。真是又高兴又发愁，因为我们并没有那么多钱。

感谢真主，央行同意这笔钱可以分期付款。首付为 250 亿卢比，签署交易时立即交付。为了凑够这笔钱，我把帕拉集团旗下几家企业账户下的现金余额全部提取出来。这一决定最终导致现金流被打乱，但我还是大胆地做出这一决定，我的直觉告诉我，我们在干大事。

根据协议，余下的 250 亿卢比的初始资金分期付款，每半年为一期，每期 125 亿，两次便可完成交付。于是，我们花 1 卢比收购了梅加银行，但缴纳了 250 亿卢比的初始保证金。

生了大病的小银行，其在印尼央行未偿债务高达 900 亿印尼卢比，不良贷款超过 90％。梅加银行的运作技术含量很低，全都是纸质文件，计算机只有两台，一台在雅加达董事会秘书办公室，一台在泗水。

# 改造梅加银行，把 1998 年危机作为前进的动力

1995 年 12 月，我正在万隆检查房地产项目，接到印尼央行监管部主任（现央行副行长）阿尔达雅迪先生的电话："凯鲁先生，行长会议决定批准你接手梅加银行。"

当天，我立即返回雅加达，仍住在芝普利尔区的外交部大院。在宣布我为梅加银行的大股东的同一天，我还收到另外一个非常好的消息：爱妻妊娠检测呈阳性，她怀的是我们的第一个孩子，女儿普特丽·英达莎丽。我立即跪拜。

## 斯巴达式简朴的工作

事实上，我在 1995 年年底就接管了梅加银行的实体。然而，法律过程需要一年多的时间，到 1996 年 3 月 31 日才完成。

银行的管理仅由两个方面组成：资产和负债。银行以贷款的方式把资产借给第三方，而负债即银行储户的存款。

"一个陷入困境的银行，首要的问题在于借贷的客户。"我这么认为。事实上就是这么简单。为此，要彻底解决问题，必须先从借贷者入手。

什么事都不可能那么如意。我们对债务人很客气，但他们中有许多人很不合

作，有的甚至扬言威胁我们职员的生命。为此，我有时急得直拍桌子，烟灰缸都跳到了地上。我决心"快刀斩乱麻"，不惜代价尽快从这窘境中脱身。但愿这种情况不会再发生。

每一天傍晚昏拜之后，管理层照例必须在印尼开发银行大厦与我开碰头会。我们讲形势发展的细节、当天的运作情况、昨天的交易、明天的计划、后天的可能性。这样持续了一年多，银行才从跟跟跄跄的状态中逐渐恢复正常。

会常常开到半夜两点，照明是用带插头的灯，因为整个大厦的灯每天下午六点钟准时关掉。各部门都要注意节约，如果要求大厦管理人员单为我们推迟关灯，那代价太昂贵了。

在过去的一年中，我们的晚餐菜单从来没有改变过，都是垃圾食品。这是由于条件困难和节省成本。我相信本尼、瓦内迪、凯拉、伊纳尔等人都记得那时"岌岌可危"局面的细节。

我们实施各种斯巴达式的简朴工作方式。要彻底改造旧梅加银行的手动工作模式，向信息化模式转变，工作量相当大。我们采用不同的技术，交替调整，找出最佳方案。

## 可靠的人力资源

我们始终都十分重视人力资源的管理。在招聘过程中，寻找可靠的优秀专才。我们就像在做一项建筑工程，需要非常坚实的基础，能抵御各种形式的冲击。我为寻求人才找了许多人，其中有一个人我觉得很合适，他就是阿迪·萨索诺先生。后来，他建议我找工程师扎祖克·苏达利赞托先生（已故）。

扎祖克先生做过 PT Telkom 公司的总经理，他的能力绝对没问题，但他当时涉嫌反对苏哈托总统而被废黜。我请他当梅加银行的首席执行官，他在早期阶段奠定了银行的管理和人力资源建设的基础。他的工作成果至今仍然可以体会到。

最初扎祖克先生并不想干，因为他不相信自己有管理这个银行的能力。"这怎么可能？我从来没干过银行业，更不要说当领导。"

后来我说服了他。"没那么难，先生。我们所需要的是您的管理能力。银行业的技术工作很容易学。我从来没有管理过银行，但没过太长时间我现在也懂了。我相信您能行。"

在我的劝说下，他终于同意加入，并呈报印尼央行批准任命。

梅加银行在扎祖克先生的领导下开始恢复运作，从 1996 年到 1999 年。后来阿迪·萨索诺先生当了合作社和中小企业部部长，扎祖克先生则调到该部任总干事。

扎祖克先生从梅加银行调到阿迪·萨索诺先生领导下的合作社部当总干事，收入大幅下降。在梅加银行他每月至少挣 6000 万卢比，但做总干事每月只有 400 万卢比。尽管如此，我们都赞成充分发挥自己的能力来建设国家。毕竟，财产是身外之物，而分享财富却能给大众带来益处。

自从当初贷款办鞋厂，翁东·森陶萨把我介绍给进出口银行以后，我认识了很多银行职员。

我从基层开始，逐步熟悉主要领导。他们是穆尔约托、伊凡·帕拉维拉纳塔、萨拉胡丁·尼亚克·考伊，以及科德拉迪。我把他们中的大多数甚至当作是我的大家庭成员。当我开创帕拉金融公司旗下的金融企业时，许多领导人是我从进出口银行的员工中招聘的。

梅加银行现在还很新，有许多令人振奋的挑战。他们中的许多人加盟后很快进入角色，其中一些人一直坚持干到今天。

## 深入现场

在梅加银行的改革初期，我总是深入现场，要求所有的问题债务人直接和我见面。当见到有不良信用的债务人终于表现出诚意并愿意合作时，感觉当然是很爽的。

"我向您保证，如果您愿意，请卖掉抵押。如果有多余的，请返还给我们。"我听到这话，如果在非正式情况下，可能会拥抱这债务人。

自 1996 年开始，一年多的艰苦工作，感谢真主，终于结出了硕果。梅加银行的所有不良贷款都清洗干净，到 1997 年，整个银行已经完全恢复健康。此后，管理层则全力以赴运作梅加银行里的公共资金。

然而，正当我们认为最糟糕的时刻已经过去时，1997 年年中，世界金融风暴便席卷而来，紧接着的是 1998 年全印尼的经济危机。此时，清算危机迫使其他银行一家接一家地倒闭，而梅加银行则幸运地顶住了压力而岿然不动。

梅加银行所拥有的第三方资金（公共）非常多，而新增贷款也在持续增加。根据国际货币基金组织的评估，梅加银行属于 A 类，即健康的银行。而 B 类则是应由政府进行资本重组（注资）的银行，C 类则是被列入必须清算的银行。

当时，梅加银行几乎没有不良贷款，而且我们有充足的资本，甚至可以说是异常雄厚的资本。这些条件允许梅加银行通过同业货币市场（PUAB）交易机制，以当时非常高的利率借钱给其他银行。银行间拆借利率竟曾高达 300％。

金融危机时，社会上有不少人也在筹集资金。试想一下，仅储蓄存款利率都能够达到每年 70％。当时梅加银行获得的收益的确很不一般。1999 年 1 月，梅加银行利润曾经达到 120 亿卢比，相当于 1998 年全年的利润。

眼看银行绩效良好，发展迅速，印尼央行要求我们尽快归还收购梅加银行时1200 亿卢比的初始贷款。感谢真主的恩典，大家的辛勤工作有了回报，原计划"最晚 15 年"归还贷款的过程不到 10 年便完成了，全部还清。

后来我又想，这样重大的事情背后必定有真主寄托。当我在朋多克英达清真寺沉思时，阿迪·萨索诺先生也在那儿，我们又一起讨论了社会问题。我回到家，得出了结论：真主要用我去帮助需要帮助的人！

在沉默中，我又想起几十年前发生的事情。我还在读初中二年级时，开斋节前夕，我所期盼的不是新衣服和新鞋子，而只是期盼爸爸能带回支付天课的钱。

## 与他人分享的计划

接下来，我做了帕拉集团股份的计划，分发 10 万包食品，每包含有 5 千克大米、1 千克砂糖、1 箱方便面、1 升食用油等，每包价值超过 2.5 万卢比。

我们不直接把这些物资发放到个人手中，而是通过社区来发放，通过做礼拜的不同地点来发放：清真寺和教堂。另外还到军队和警察的营房。

群众买一包只需 2500 卢比。这笔钱不给我们，而是由各社区收集并用于满足他们自己的需求，如用来修建清真寺，或用于投资成立合作社等等。我们一卢比都不收。

我们分享后，梅加银行的业绩迅速飙升。真主许诺，如果我们种下 1 颗种子，他会给我们 7 棵树……1999 年，梅加银行的财务报表显示盈利 2400 亿卢比。

当时许多人还很不理解："凯鲁简直是疯了。别人都缺钱花时，他在发钱。"

我的想法很简单，我经历过从小学一直到大学的辛酸，我确切地知道贫穷到底有多难。

财务顾问向我建议宣布分红，但我没同意。我们把 1999 年盈利的 2400 亿卢比全部留下，作为银行的资金，当年，梅加银行升级为中型银行。

如果我用 1999 年的 2400 亿卢比买了阿斯特拉国际的股票，那么可以肯定我就是该汽车制造商的大股东了。试想一下，当时阿斯特拉的股票价格每股只有 175 卢比。所以你可以想象梅加银行当时赢得的金额有多大。

我本人在 1985 年为地中海贫血组织筹款晚会时就已经了解阿斯特拉了。

有一次我曾与时任财政部部长弗阿德·巴瓦吉尔、国家商业银行首席执行官萨拉胡丁·尼亚克·考伊、阿斯特拉国际首席执行官里尼·苏万迪共进午餐。

"里尼女士，我有钱。如果我买阿斯特拉的股票，我可能会成为一个大股东，您看怎么样？"我问里尼·苏万迪女士。

"可别，凯鲁先生。坦白说我自己都没把握阿斯特拉是否可以平安渡过这次危机，也没准和其他企业一起破产呢。"里尼女士的调子很悲观。

命运难选，祸福在天。我失去了这次机会。

## 新的突破

早在 1998 年，我们在许多领域就有了新的突破，特别是在公众传播方面，因为那时骚乱事件频发。我们推出的《梅加的祝福》就是其中之一。还记得明星内诺·瓦里斯曼主演的《先知的祝福》广告吗？然后是佐科、阿宗、西托鲁斯的广告？感谢真主，梅加银行终于成为这个共和国知名的银行。

直到 1998 年 5 月暴乱发生，梅加银行没有一处办事处遭到过洗劫，也没有一辆汽车被毁。直到今天，梅加银行是唯一在其汽车上加装标志的银行，其他银行都没有。上述传播策略成功地把梅加银行强大而光辉的形象植入印尼民族草根阶层。

说真的，发生在 1998 年的危机令我十分不安。在全印尼血与泪流成河的日子里怎么可能开心得起来？怎么可能？！

当有人问什么时候是最快乐的时光，我会老实回答说，是 1998 年之前。那时，很少有人知道凯鲁·丹绒这个名字，更不用说面对面。

如果有一些人认为我之所以有今天，是被逼出来的，我的创业精神是在贫穷和逆境中产生出来的,这观点我赞成。而且,我反复多次地讲我母亲为了支付我进大学的学费而出售她精细面料的故事。这完全不是埋怨,这是真事,事情虽小却也是历史,更何况它是出于妈妈的爱、抚摸、汗水,还有眼泪。

这例子很简单,如果当时我并不知道母亲把精细面料当掉给我做入学的学费,也许我的成长过程也无异于其他同学。悠哉游哉地过日子,专注于功课,对现有条件习以为常,而不是使出浑身解数,抓住出现在眼前的机会并付诸实施。

总之,过去的事就让它过去吧,最重要的是要规划好将来而不重复过去的错误。

早在 1998 年,当大多数与当权者亲近的企业家一起"全军覆没"的时候,我其实很安全。甚至由于我与当时政府并没有特别亲近而被认为是"好孩子"。感谢真主,直到现在,我也从不去亲近权力,如果只是为了得到项目配额或获得经商便利。

很多局外的人也许会认为我过得很爽,很愉快,很享受,但实际上我过得非常沉重和艰苦,充满了挑战和考验。

## 小心翼翼

银行业务是个十分谨慎小心的业务,来不得半点马虎,因为我们运行的是客户的信赖和寄托,责任重大。我们也许不知道,储户存入的钱是他们宝贵的唯一的财产。如果要他们说心里话,有些客户会说:"这是我的财产,托靠真主,我委托给您了。请管好了,如果幸运的话,我希望能得到相称的一部分。"这就好像在神圣婚姻殿堂上的誓言。这神圣的缔约当然是必须严肃对待的,绝不可掉以轻心。

此外,放贷工作更需要极端谨慎。银行业只是个中介,放贷的款项是储户的钱,必须保持这种方式。试想一下,如果管理不当,那么结果会是储户出问题,贷款出坏账,银行破产,国家也没有足够的钱来赔偿储户先前委托给我们保管的钱财。真的,这不仅要对世界负责,后世也要来质问我们的。总之我不希望这样的事情发生。

迄今为止,我都亲自主持每月一次的不良贷款(NPL)会议。每月第一个星期一,从上午 11 点开始,午饭休息,然后一直持续到傍晚。

做出决定的前提,是梅加银行的损失为最小。在大家的努力下,梅加银行的不良贷款率远低于 1%。

我规定的最高贷存比为 70%，实际每月最多只到 60%。如果寻求最大的利润，接近 100% 更好。然而，这是非常危险的，因为如果有事的话，流动性会降低，故我不采取此策略。我要这家银行既盈利又安全：不仅企业要安全，把钱存在这里的客户更要安全。由于实施了这个政策，梅加银行在数次危机中总是能顺利渡过，并且始终被评为流动性最强的银行。

剩余的 40% 作为流动资产以印尼央行证书（SBI）的形式、政府债券的形式存放在印尼央行，这样，每当需要钱时，我们都会有储备。

我禁止所有从事银行业务的员工进行衍生物交易。我认为，银行业的基金，只能从传统的货币市场得到，如简单的储蓄和贷款。

在下属所有的企业，包括梅加银行，无论任何人，即使是轻微的盗窃，我都没有丝毫的宽容。无论他为公司服务了多少，只要盗窃，便是犯罪，他所有的这些服务就只能一笔勾销。

现在，找到有工作能力的人并不难，难的是找到正直和诚实的人，而这正是考察我们全公司员工的首要指标。

职位是一种信任，必须可靠。所以，我向全体员工重申，为了公司的利益而利用谁在公司以外的职位，是不能接受的。为此，梅加银行投标往往失败。例如最近，我们投标一个高速路电子收费项目刚失败。

有一次在印尼各地分支机构领导人的月度会议上，梅加银行班贾尔分行的领导汇报说："先生，我们的资产太少，因为市场是那么小。其实地方政府有的是钱。凯鲁先生，您是国家能源委员会的主席，可不可以给县长打个电话？"

我直接在论坛上公开回答说："我绝不会为了我生意上的利益而利用我的社会职位，虽然我做了也没事。如果你要做，就去做一个优秀的竞争者，做最好的服务，但不能利用我的职位。"

## 成为社会话题

梅加银行发展的现象迅速成为广大市民尤其是金融工作者们的谈资。

从一开始，梅加银行便不断地改进制度，以实现行业的最佳实践。梅加银行的这种情况使它成为金融领域众多专业人士向往的单位。其中一个人是多尼·奥斯卡利亚。他谢绝了某个跨国银行几十倍的高薪聘请，选择在梅加银行工作，认为这里可以充分发挥自己的开发能力和无限的创意。

我们的制度禁止在同一家银行有职工是同一家人。多尼非常想加入梅加银行，对我也比较了解，他愿意给妹妹 2500 万卢比的离职费去找一份新的工作。他的妹妹薇薇特以前曾在梅加银行市场营销部工作，后来调到了突古银行。现在，突古银行被我们收购后改名为伊斯兰梅加银行。多尼在 2003 年被调入，薪水和职位都比原先的低。写这本书的时候，他刚刚晋升为梅加银行的董事。

## 倒叙

根据印尼央行的建议，我于 1995 年接管了陷入困境的原名"卡尔曼"的银行，当时它只有 1200 亿卢比的资产，后来更名为梅加银行。两年后，在 1997 年，梅加银行在资产为 5000 亿卢比以下的最佳银行中排名第 1，再两年后，它在资产低于 1 万亿卢比的最佳银行中排名第 4。感谢真主，扎祖克·苏达利赞托先生还荣登资产低于 1 万亿卢比银行的最佳银行家榜，排名第 3。

在经济危机的时候，梅加银行表现突出，与花旗、德意志、汇丰等极少数银行一起，不仅未受到危机的影响，而且无须政府帮助，继续发展壮大。从大学到现在为止，我不断告诉自己避免打扰任何人，尤其是管理 2 亿多人口的印尼政府，有那么多政策问题要考虑。

梅加银行获得了国内和亚洲的各种奖项。这一切，与此银行大家庭的各级领导、董事和员工的辛勤工作、职业道德、团队合作以及献身精神是分不开的。

后来，梅加银行把名字和标志从"PT Mega Bank"更换为"PT Bank Mega"，并在股票交易所上市，在 10 年后的 2006 年，成了资产超过 20 万亿卢比的公有银行，到 2010 年年底，其资产更发展到 51.6 万亿卢比。

2011 年，梅加银行已经进入了印尼银行业前 12 名，资产达 62 万亿印尼卢比。未来，我们将继续加快运行速度，原则上，它应该会比其他银行更快。目前我们正在信息技术、人力资源、内部组织战略等方面打好基础，希望能逐步超越比我们资深的同行。

感谢真主，在我们的辛勤努力下，迄今为止，梅加银行仍然是 100% 印尼公民所有的银行，而在印尼的大多数金融企业都是外国人垄断的。不仅梅加，所有 CT 集团公司旗下控股的从事金融业的企业都是 100% 印尼公民所有。

感谢真主，在我们辛勤努力下，迄今为止，梅加银行仍然是 100％ 印尼公民所有的银行，而在印尼的大多数金融企业都是外国人垄断的。不仅梅加，所有 CT 集团公司旗下控股的从事金融业的企业都是 100％ 印尼公民所有。

DENGAN RAHMAT TUHAN YANG MAHA ESA

MENARA BANK MEGA

DIRESMIKAN OLEH

PRESIDEN REPUBLIK INDONESIA

DR H. SUSILO BAMBANG YUDHOYONO

Jakarta, 6 Agustus 2005

2005年梅加银行塔楼落成典礼上，苏西洛总统在落成纪念碑上签名，见证人为印尼副总统优素福•卡拉和印尼央行行长巴哈奴丁•阿卜杜拉。

2010 年在望加锡召开梅加银行工作年会时，与银行的各级领导在一起。

# 伊斯兰梅加银行与
# 大众经济的振兴

我经常听到神学家们说，伊斯兰教为广大人民群众造福，不论是否穆斯林。作为一个企业家，我真心想实现造福人类的愿望。在实现此愿望的执着变得更强烈时，我参加了1995年地区穆斯林企业家论坛。

论坛是由印尼的阿迪·萨索诺和马来西亚的安瓦尔·易卜拉欣发起并组织的，论坛中讨论过关于在印度尼西亚发展伊斯兰银行的问题。当时在印尼只有一家伊斯兰银行，即印度尼西亚穆阿玛拉特银行。我当即表示："真主保佑，我准备开发印尼第二家伊斯兰银行。"

在是次论坛中，我还结识了伊斯兰银行方面的专家穆罕默德·沙菲仪·安东尼奥博士。他与我一样有决心要在印尼发展伊斯兰银行。

论坛结束后，我便一直在考虑如何努力争取拥有一家伊斯兰银行。我多次探寻机会，包括与1997年和1998年东南亚金融危机期间政府准备清算的各个银行进行谈判。

我记得很清楚，为了把科萨银行改造成伊斯兰银行，我们帕拉集团的核心管理人员对它进行过尽职调查。我们还找过古纳银行，但这两家银行都没谈成。

直到有一次安拉给我指路，我收购了一家商业银行，即突古银行。这家银行最终于 2001 年转化为印尼梅加伊斯兰银行（BSMI）。在转化的早期，我得到了沙菲仪·安东尼奥的帮助，他派来塔兹起亚咨询公司团队，给新上岗的 BSMI 员工培训伊斯兰银行业务。

后来改名为梅加伊斯兰银行的 BSMI 是唯一一家聘用非穆斯林员工的伊斯兰银行。在突古银行转变为梅加伊斯兰银行时，所有非穆斯林员工都继续留任。我们还告诉他们：伊斯兰的教义是给整个宇宙带来恩典。非穆斯林员工接受了这个事实以后便得到培训，及格即成为伊斯兰银行业务的行家。

直到今天，在伊斯兰梅加银行的许多分行都有非土著员工和非穆斯林员工。事实上，伊斯兰梅加银行在东爪哇泗水、玛琅分行的领导都是非土著和非穆斯林。我作为一个企业家，正在努力参与实现祖国的多元化。

突古银行转化成伊斯兰梅加银行的过程是我的亲身经历，忘不掉的。我对沙菲仪·安东尼奥说："先生，感谢真主，我已经找到了银行。您能帮我做此银行的首席专员吗？"

他说，他不能当首席专员，最多只能当一般专员，因为他已经报名在澳大利亚墨尔本大学攻读博士学位。

感谢真主，经过多方筹备和相当累人的实施过程，2004 年 BSMI 全面运行之后，2007 年，为了名字更顺口，将银行更名为伊斯兰梅加银行。

伊斯兰梅加银行正式成立后，我下决心要发展中小企业和消费者融资，这两个领域是穆斯林非常多的行业。2008 年 7 月成立了梅加伊斯兰合作伙伴部（M2S），主要服务于传统市场；我们还成立了伊斯兰典当部，主要以快速和简单的方式服务于需要资金的社区。这两个部门的成立，使我们的这个使命得以实现。

我相信伊斯兰银行是能够被全社会接受的，因为伊斯兰教义是给整个宇宙带来恩典，是有利于整个社会的，不论是否是穆斯林。看到伊斯兰梅加银行健康成长并盈利，有许多中东的投资者很感兴趣，其中包括迪拜投资控股公司。

不过，我永远不会卖掉伊斯兰梅加银行。我想让这家银行变成我的"后世储蓄"，因此，我从来不从伊斯兰银行利润中领取分红。我当然是可以领取分红的，但我把它留在银行里作为再投资，以加强伊斯兰银行的资本结构。

然而，伊斯兰梅加银行还不能服务于朝觐，我们的下一个奋斗目标便是改变这一点。

这一点我特别重视，我要求沙菲仪先生和班尼·维扎克索诺先生（伊斯兰梅加银行董事总经理）设法接近宗教事务部长，以便伊斯兰梅加银行有机会成为"朝觐旅费接收行"（BPS-BPIH）。感谢真主，请求获准，伊斯兰梅加银行成为第13家 BPS-BPIH 和第一家实时在线朝觐费接收行。

在发展伊斯兰银行的过程中，我还要求管理层实施审慎的做法，尤其是在宗教事务和朝觐法律方面。比如朝觐问题，我并没有立即审批伊斯兰梅加银行董事会关于朝觐一揽子理财产品的建议，而是先咨询银行的伊斯兰教理事会主席和银行的监事会。我必须把握好原则，即证明伊斯兰教义与银行业务应该能够并行不悖、一起运作并获得成功。

在伊斯兰银行业发展的过程中，还有一个精神层面的问题，即 CT 集团公司旗下各企业单位缴纳天课的精神。有一次，我曾请教沙菲仪："先生，我们如何能获得许可，以便能够管理自己的天课，因为 CT 集团公司旗下各企业单位如果收集天课，可达 1000 亿卢比。"

根据他的指示，我们成立了 CT 基金会，负责分配 CT 集团公司下属各单位的天课，帮助各种人道主义慈善活动，包括帮助海啸受害者、免费给重点学校配送必需品等。

伊斯兰梅加银行自 2007 年以来定期缴纳天课，其中一项是帮助建设沙菲仪先生在塔兹起亚校园里的安达卢西亚清真寺。

在突古银行转变为伊斯兰梅加银行时，所有非穆斯林员工都继续留任。我们还告诉他们：伊斯兰教律是给整个宇宙带来恩典。非穆斯林员工接受了这个事实以后便得到培训，及格即成为伊斯兰银行业务的行家。

# 汤姆斯杯终于归了印尼

**28**

1998 年后，我的名字开始出现在各种媒体上。尽管当涉及隐私时，我总是极力避免公开，但是随着报道的增加，知道我的人越来越多，现在我更出名了。其中一个原因，是我介入体育界，尤其是羽毛球。

2001 年 10 月，印度尼西亚羽毛球协会（PBSI）在物色一个新的主席接替苏巴吉奥先生。协会领导班子提出要物色一个平民。当印尼全国人民正欢欣鼓舞投入改革浪潮之中时，军方在地方事务中的作用也开始下降。

印尼国家体育委员会（KONI）中心的负责人英德拉·卡塔萨斯米塔第一次来到我的办公室，要我当 PBSI 主席的候选人。

"英德拉先生，你不会搞错吧，叫我来当羽协主席？虽然我从高中便喜欢羽毛球，但没有领导体育的经验。"

我的回答明摆着是谢绝他们的好意。

"凯鲁先生您最好先别拒绝，回头我带几个羽毛球界的朋友来见您，让他们来跟您讲。"英德拉说着，便与我握手告别。

几天后，英德拉带来几名羽毛球界的大腕，其中之一是卢特菲·哈米德。他们向我报告了羽协的全部近况。当时我还是不同意被提名。

## 军人的份儿

在那个时代，羽协主席是四星上将，从特利·苏德里斯诺先生（前副总统）开始，到苏巴吉奥。我认为很合理。羽毛球一直是印尼最负盛名的运动，因为我们能够在世界舞台上露脸。而足球呢，虽然也很流行，但在国际上没有出什么成果。

主席的位置是军人的份儿。如果一位将军能成功管理羽协，那么他在地方上则会被提升到更高职位。例如特利先生。他成功之后，从陆军参谋长被提拔为武装部队总司令，后来又再次被提拔，成为副总统。这是当时苏哈托先生的执政风格，提拔领导人的根据，是其从下到上、从战略到战术、从军队到地方有完整的成功经验。

苏西洛总统过去也曾经被征求意见。当时他是领土参谋长（Kaster）。他从下属了解到有关羽协的信息，最终表示不愿意被提名。

英德拉、卢特菲以及其他人在跟我见两次面之后并没有就此打住。如果没记错的话，他们劝我超过 10 次——打电话或直接来办公室。经过反复斟酌，我最终同意当候选人。

## 在大会上争论

2001 年 11 月 2 至 4 日，第 18 届印尼羽毛球协会在印度尼西亚大酒店召开为期两天的全国代表大会。许多报纸纷纷报道大会的盛况，其中包括两位主席候选人，我和尤斯蒂安·苏汉迪纳塔。

苏汉迪纳塔在羽毛球界资历很深，曾两度出任羽协雅加达地区分会主席。他肯定比我有经验。此外，苏汉迪纳塔自己还有一个名为比曼塔拉唐卡斯的羽毛球俱乐部。

大会之前两天，卢特菲来找我，告诉我最新的进展。他说，西爪哇和东爪哇各分会对我完全支持。西爪哇有 33 个羽协分会，因为当时万丹还属于西爪哇省，而东爪哇有 38 个分会。雅加达一地的 5 个分会全部支持苏汉迪纳塔。

卢特菲给我准备了一些关于羽协的资料，并提醒我在陈述会上最好说些什么。其实我自己也做了不少这方面的功课，心里已经有谱，包括完善协会规章制度的思路。我还准备了一套《2001年至2005年协会管理工作方案》，如果我当选，必定要实施的。我的陈述报告材料准备齐全，深入到战略和战术的细节。如果没有充分准备，我不可能表示要继续下去。"卢特菲先生，没事的。读大学时我曾经是演讲冠军。别担心，相信我。"我坚定地说。

10月2日报到，3日开大会，4日大会闭幕。开陈述会时由主席候选人谈使命愿景。部分委员认为我是无足轻重的小人物，为此我被安排在苏汉迪纳塔之前做陈述。曾有传言说："看吧，凯鲁什么都搞不懂。"

这些我都已习以为常。

到了该我做陈述使命愿景和详细的工作计划的时候了，这一番讲话我已经准备了相当长的时间。不出所料，在我讲话的过程中，与会者的掌声几乎不断。这种情况一直持续到陈述会结束。

我的演讲结束后，大部分与会者都去小吃部喝咖啡，没有听苏汉迪纳塔的讲话。第18届印度尼西亚羽毛球协会决定，由我接替苏巴吉奥先生，成为2001年至2005年的新主席，并给我30天的时间组建新一届领导班子。在我的时代，英德拉·卡塔萨斯米塔后来成为羽协分管开发工作的副主席。

## 见了很多人

我找了很多我认为能征求意见的人谈。其中之一是纪明发，他原是运动员，现在是羽毛球教练，成绩骄人。他在1972年全英羽毛球赛中与张鑫源搭档曾夺得世界冠军，1980年与张鑫源在男子双打中再次获得冠军，与王珠金配对的混双也是冠军。

纪明发当时是国家训练中心宿舍的负责人。我请他到咖啡馆闲聊。从他那里我捕捉到许多重要的信息，其中之一是，对运动员的选拔系任人唯亲而非任人唯贤。

作为一个新人，在制定政策和策略之前，我必须找尽可能多的人收集尽可能多的信息。这其中，除纪明发之外，英德拉·卡塔萨斯米塔也对协会的发展起了重要作用。

然后我组建了印尼羽协名誉理事会。其成员主要是所有的前任主席，包括苏巴吉奥先生。只有两名不是前主席，他们是陶菲克·基马斯，时任印尼总统梅加瓦蒂的丈夫，以及后来的总统苏西洛·班邦·尤多约诺先生。

其他有意并有兴趣帮助体育事业的人士，我也邀请他们一起来协助管理委员会。他们是民族企业家和一些记者，包括亨德利·邦昆。

愿意帮助印尼羽协管理的民族企业家还有阿克萨·马哈茂德、泰迪·拉赫马特、埃迪·昆塔迪和伊尔曼·古斯曼。新的管理委员会和董事会的组建完毕，我认为其阵容完整且强大。

## 优先专业化

运动员的特性类似于艺术家，有点喜怒无常，而且论资排辈。我认为论资排辈是半军事化训练自然形成的。可是，资历问题随后便影响到羽协的组织管理工作，而管理工作需要的是对组织工作的了解和管理能力，而不是打球的技术。我自己从初中开始就很适应组织和业务管理工作。

我对印尼羽协引进专业化管理。从此，一切都根据各人的能力和表现，没有后门可走。以前的运动员后来一直做教练的，能适应我的思维和工作方式的，我请他们留下来与我一起工作，比如纪明发和英德拉。后来我建议他们重点把精力放在运动员的训练工作上。他们的成就在后来的比赛中被实践所证明。

卢特菲更有组织管理经验，后来我请他出任羽协的秘书长。他有多次带队出国比赛的经验，我也要他领导准备工作，参加将于 2002 年 5 月在中国广州举办的汤姆斯杯和尤伯杯羽毛球赛。此外，纪明发被任命为主教练和双打教练协调员。

中国是"龙的巢穴"，聚集了羽毛球世界冠军。此前，印尼已经连续取得汤姆斯杯四连冠，即 1994 年、1996 年、1998 年和 2000 年。我的命令很明确，即采用各种办法，在 2002 年实现五连冠，继续保住汤杯。

印尼最近一次是 1996 年在香港的比赛中夺得尤伯杯。此后于 1998 年被中国打败，屈居亚军。接着中国把尤杯一直保持到 2008 年。

## 印尼羽协的问题

赛前各种准备工作已经有条不紊地进行着，羽协的朋友们提醒我说，我们遇到了麻烦。印尼羽毛球名将陶菲克·希达亚特，跟着他的教练穆利奥·汉多约，自 2001 年 10 月便加盟了新加坡队。此前，印尼羽协管理委员会的有些委员不喜欢陶菲克，他感到压力，甚至一度停止训练。陶菲克出生在班嘉隆干，从10岁便接受羽协西爪哇分会的培养。

朋友们向我建议：去新加坡找陶菲克，劝他回来为印尼卫冕。我同意。

2002年2月，尤伯杯队飞抵墨尔本参加评选。他们顺利出线。我把团队送到墨尔本，这也是我接陶菲克回国这一计划的一部分，在那里，我会见了国际羽毛球联合会（IBF）主席，时任泰国副总理的功·塔帕朗西。

汤姆斯杯队不必参加墨尔本的评选，因为印尼是上一届的冠军，他们将在比赛日之前直接去广州。几天后我飞到新加坡去游说古纳兰。他是国际羽联的"实权派"，我认为他能给新加坡施加压力。

我见了国际羽联这两个领导，展开各种外交攻势，强调说明陶菲克是印尼公民，属于印尼的国家资产，根据国际羽联的有关规定，不能允许他代表其他国家参加国际比赛，新加坡已经违规。我以此为逻辑理由，使他们感觉到一点压力。

"违规"的理由是我的一个"武器"。"拜托帮我解决这个问题，否则我将到法院起诉。"这话多少带点威胁。

不知怎的，总部设于伦敦的国际羽联成功地压制了新加坡，狮城之国的羽毛球机构同意送陶菲克返回印尼。

我的外交努力成功遣返了陶菲克，没有引起任何动静，而且，除了我的往返旅费，没有任何不当支出。

## 又一个麻烦

临近广州的赛事，各项准备工作，特别是训练，都在紧锣密鼓进行着。2002年3月，球队打算模拟汤姆斯杯和尤伯杯的比赛。由于是模拟，不是正式比赛，教练们决定使用统一的地方产品。尤尼克斯公司见此大发雷霆。

他们通过各种媒体发表声明称，印尼羽协违反合同，要求赔偿20万美元。

我刚当领导短短几个月，就面临这样的大麻烦。作为一个领导，如果我告诉人家我是无辜的，那便是个大错误，尽管事实上我真的不知道，这是上一届班子办的事。

显然，此前印尼羽协管理委员会一直在按此合同行事，工作和责任的交接过程看起来并没有完成。从羽协的前管理委员会过渡到我的时代，我接手的就是一张没有文件的空桌子。面对记者的追问，卢特菲和纪明发很尴尬，因为他们确实知道更多的细节。

为此，我召开了羽协管理委员会核心成员六人会议，拍桌子泄愤。

"秘书长先生，劳驾请详细解释一下到底发生了什么。"我对卢特菲说。

于是，他啰唆地解释，对自己所犯的错误诚恳道歉。这样，我认为这个问题算是解决了，接着必须解决其他问题。

"我来处理尤尼克斯公司的事，不需要牵连别人。过几天我会飞往新加坡，直接见贝劳先生。"

我拍桌子之后约五分钟，卢特菲建议，5月5日的汤姆斯杯和尤伯杯团队欢送仪式，邀请梅加瓦蒂总统去芝巴蓉的国家羽毛球训练中心，同时也庆祝印尼羽协的生日。我接受这些建议，因为我认为这主意不错，可以鼓舞整个团队的士气，尤其是对那些即将参加比赛的运动员。

此前，我了解了印尼队的胜算，因为由总统亲自送行后结果不能输。而如果获胜了，其对羽毛球在印尼的发展的影响也将是巨大的。主教练告诉我，我们已经对训练进行了优化，并且运动员都非常刻苦，水平已得到最大程度的提高，剩下的决定性因素就是运气和印尼人民的祈祷了。

在比赛准备工作中，我还邀请了羽协的名誉董事出席我在 Trans 电视大楼召开的会议，有四位将军莅临出席，即前副总统特利·苏德里斯诺先生、苏里亚迪先生、苏巴吉奥先生和苏西洛·班邦·尤多约诺先生（时任政治法律安全统筹部部长），以及梅加瓦蒂总统的丈夫陶菲克·基马斯先生。我作为一个年轻人能主持召开这样的会议，有这么多位将军参加，总统的丈夫也参加了，一种荣誉感和自豪感油然而生。

感谢真主，梅加瓦蒂总统终于愿意来芝巴蓉为汤姆斯杯和尤伯杯团队赴广州比赛壮行。卢特菲作为羽毛球代表团团长，从总统手中接过红白旗时双手禁不住颤抖。千万不能让祖国失望，胜利是我们的神圣职责。

## 推行新政策

比赛正在进行。我直奔球场边，加入教练团队拼命鼓劲加油，直到嗓子都喊哑了。我忘了自己不只是观众，还是羽协主席。比赛结果对印尼尤伯杯队不利。

她们只进入八强，连半决赛都没份。

我立即下令代表团团长把女队送回印尼，没必要继续留在广州当观众。这个我考虑过，必须惩罚战败，并节省运营成本。

在印尼羽协历史上，遣返输球的球队是破天荒头一回。输球后，他们都习惯了继续坐着当观众然后一起回家。我的决定尽管不受欢迎，但我把它当作改善球队专业观念的重要举措之一。

尤伯杯团队回国后，很多媒体骂我这个羽协主席。有些文章指责我偏袒和忽视。我对此不予理睬。在广州，我们正面临大赛，保住汤姆斯杯，比回应那些不攻自破和不负责任的指控要重要得多。

## 保住汤杯

汤姆斯杯比赛非常紧张和惨烈。决赛的对手是马来西亚队，其教练是印尼的英德拉·古纳万。马来西亚队还有世界排名第二的选手钟腾福，其实力不可小觑。

先是单打，马勒夫·迈纳基被黄综翰打败。第二场比赛是双打，由陈甲亮和西吉特出场，印尼队获胜。赛前一个半月刚返回印尼的陶菲克败给了李传成。这样，印度尼西亚已经以1∶2落后于马来西亚。陶菲克于2002年4月，即比赛前一个半月刚返回印尼。他的教练穆利奥也没有和他在一起，而是留在新加坡继续履行他与新加坡签署的合同，晚几个月才返回印尼。陶菲克被安排由1993年的世界冠军佐戈·苏普里昂托负责教练，但他们俩合不来。

本来我们还可以指望哈利姆和吴俊明，他俩是世界双打冠军，但吴俊明已经移居美国，所以印尼队双打决赛中配对的是哈利姆和特里库斯。

印尼队的双打搭档被归类为弱方。好在真主另有安排。我们有优秀的团队精神和印尼人民的祈祷，印尼双打居然打赢了！我们都很兴奋，但团体决赛尚未完成，因为现在的比分是2∶2。胜负取决于最后一场单打：叶诚万对罗斯林。

两个月前叶诚万在台湾公开赛中刚输给了罗斯林。这一次运气偏袒印尼，叶诚万赢了！

最后这场比赛的胜利，决定了最后的比分为3∶2，印尼队保住了汤姆斯杯！我们互相拥抱，可以昂首挺胸地回国了。

我们抵达祖国4天后，总统邀请我们代表团全体成员到总统府独立宫。我们享受贵宾的待遇。红地毯从大门口一直铺到独立宫的阶梯。总统和所有部长在那里欢迎。我们又自豪又激动。

回家前，我们都与总统及内阁部长们一起在独立宫阶梯上合影留念。

获奖者在印尼各地受到热烈欢迎，更不要说各种特别的奖赏和公众舆论的赞扬。印尼羽毛球再次扬名天下。我认为英雄们为国家的荣誉、为体育事业做出了贡献，这一切是当之无愧的。

## 印尼羽毛球运动的发展

特利·苏德里斯诺先生担任两届羽协主席，1985 年至 1989 年和 1989 年至 1993 年，成功地奠定了印尼羽毛球的基础。他的工作单位在芝巴蓉的国家羽毛球训练中心。在他领导协会期间，王莲香和魏仁芳在 1992 年巴塞罗那奥运会上为印尼夺得了首枚金牌。

当印尼在奥运会上夺得两金后，全世界更加重视训练他们的运动员。只拿到了一金的荷兰曾在报纸上受到其公民的强烈质疑。"我们怎么会落到这地步，被自己的前殖民地打败？"

印尼羽协的领导权后来由当时的副主席苏里亚迪先生接任。他的任期是 1993 年至 1997 年。当时，印尼已经成了羽毛球强国。我们不仅连续四年保持了汤姆斯杯和尤伯杯，还由里奇·苏巴吉亚和列克希·迈纳基搭档再次夺得奥运冠军。

1997 年至 2001 年苏巴吉奥先生在位期间，吴俊明和陈甲亮成功卫冕奥运金牌。不幸的是，尤伯杯于 1998 年在香港的比赛中被中国夺走，印尼队屈居亚军。

从 2004 年到 2010 年，汤姆斯杯一直被中国把持。2010 年印尼与中国对垒以 0∶3 仍屈居亚军。

尤伯杯也一样。1996 年是印尼赢得这个奖杯的最后一年。此后中国一直占据尤伯杯。

显然，我的领导风格是过于强硬和专业化，导致在羽协管理委员会之外及各种比赛场中出现各种关于我的传闻。这些日子我的真诚奉献，牺牲的时间、精力、心思，以及不小的个人开支，似乎都被埋没了。

2004 年 5 月在雅加达举办的汤姆斯杯和尤伯杯比赛，印尼汤姆斯杯队以 2∶3 被丹麦打败，只坚持到半决赛。尤伯杯队的最终结果也不怎么样，只杀入四分之一决赛，以 1：3 被韩国队击败。这种情况后来成为动摇我在羽协领导地位的武器。

在许多媒体发表的文章中几乎都要求我为此失败引咎辞职。在全国特别会议前几个月，我辞职了，然后苏迪约索先生接替我当选为印尼羽协主席。

## 陶菲克夺得金牌

我去新加坡接回印尼卫冕汤姆斯杯的陶菲克，他在 2002 年的韩国釜山亚运会上夺得了男子单打金牌。两年后，在 2004 年奥运会上，陶菲克再次夺得金牌，让印度尼西亚扬名。陶菲克曾说过："我的成功归功于凯鲁·丹绒先生。"

"不，陶菲克，你的成功完全归功于印度尼西亚，不是我。"

我与陶菲克情同父子。他经常来我的办公室，随意聊天、谈心或发泄情绪。2006 年他在穆利雅酒店举办婚礼，请我代表他的家长，对应于新娘的父亲阿古姆·古默拉尔先生。苏西洛总统做陶菲克方的证婚人，而优素福·卡拉先生做女方的证婚人。

我与我的继任人苏迪约索先生的关系，从羽协时到现在一直非常亲近。我们和许多印尼的重要人物，其中有优素福·卡拉先生，常一起夜祷，然后就国家有关问题进行讨论。希望印尼羽毛球可以再度获得奖牌和奖杯，让印度尼西亚的红白旗经常高高飘扬。阿门！

我对印尼羽协引进专业化管理。从此，一切都根据各人的能力和表现，没有后门可走。以前的运动员后来一直做教练的，能适应我的思维和工作方式的，我请他们留下来与我一起工作，比如纪明发和英德拉。后来我建议他们重点把精力放在运动员的训练工作上。他们的成就在后来的比赛中被实践所证明。

2002 年，汤姆斯杯队在雅加达独立宫受到印度尼西亚共和国第 5 任总统梅加瓦蒂及其丈夫陶菲克·基马斯以及印尼国家体育委员会总中心主席韦斯莫约·阿里斯穆南达尔将军（退役）的国礼欢迎。

作为印尼羽毛球协会主席，我和印尼羽毛球队2002年在雅加达独立宫与梅加瓦蒂总统亲切交谈。那时，印尼有能力保住汤姆斯杯——世界羽毛球界骄傲的象征。

2002 年，汤姆斯杯也被带到国会大厦，图为议长阿克巴尔·丹绒和国会副议长穆海民·依斯干达在观看汤姆斯杯。

2002 年，我作为印尼羽协主席，在中国广州给印尼汤姆斯杯队加油，那时，汤姆斯杯终于又被我们带回祖国。

2002 年在雅加达苏加诺哈达机场，在汤姆斯杯队胜利回国的欢迎仪式上，印尼教育部部长马利克·法查尔给我戴上花环。

印度尼西亚新闻工作者协会中心体育记者处给我颁发最佳体育贡献奖奖杯

# 为了海啸后孩子们
# 的教育

2004 年 12 月 26 日，星期日，发生在印度尼西亚亚齐省西部米拉务的里氏 9.8 级强度的地震引发的海啸，造成了亚齐省和北苏门答腊省多处城市严重损坏。此次灾难不仅使 17 万人丧生，摧毁了上述两省的基础设施，而且造成了数以万计流离失所的孤儿。

那个星期日，像往常的周末一样，是我和家人在一起的时间。我对电视台关于地震的消息没有太当回事，虽然知道地震的级别相当高。星期一上午，电视报道说明了海啸造成极严重的破坏。虽然只是通过一个玻璃荧屏，但我敢肯定，几乎所有人看到这些画面都会流泪。

我立即与各方协调，设法帮助我们在亚齐省的同胞。我指示 Trans TV 立即启动慈善赈灾节目，向电视观众募捐；动员公司内部各企业募集赈灾资金；我亲自带领，动员一切可能的力量直接救助亚齐海啸灾难。当时我恰好担任印尼红十字会（PMI）中心的一个领导职务，我立即召开管理层同事们的会议，包括红十字会主席马利·穆罕默德先生。星期一下午，当过新秩序时代财政部部长的马利先生，已经赶到灾区，目睹了满目疮痍，到处都是灾民。许多人一边哭，一边在废墟之中来回搜寻他们的家人。

## 在亚齐灾区

当时，印尼苏西航空公司以出借塞斯纳飞机的方式首先提供援助。苏西航空总裁苏西女士，让我们用"Trans"电视台标志把飞机上的"苏西公司"标志替换下来。这是地震发生后的第二天首架进入亚齐省米拉务的飞机。我们立即组织绘制简洁的地图，写报告以及清理飞机跑道周围等，为进一步动员救援做准备工作。第二天，国际社会已经了解灾区特别是米拉务的惨状。

灾难发生后的第二天我已经到棉兰，与第一天便已经在那里的伊沙迪先生会合。用借来的塞斯纳飞机，第三天我在米拉务见证了海啸造成的巨大伤害。

那天，遍地散布着海啸罹难者的遗体，谁见到都会心碎。更加凄惨的，是失去了父母亲的孩子们撕心裂肺的哭声。即使其中有些人父母还在，他们也已经完全丧失了生计。海啸横扫一切，留下的只是哀鸿遍野。

我打电话给一个住在棉兰的亚齐男孩，名叫朱弗里·J. 巴鲁尼。当时他正在陪易卜拉欣·利斯贾德先生（已故）一起做小朝觐。我告诉朱弗里我在米拉务的亲眼所见以及根据同事们的报告所了解的其他受影响最严重地区的近况。我告诉他，我的意思是要找能住人的房子，以收容受灾儿童。

朱弗里要求给点时间与易卜拉欣·利斯贾德讨论。十五分钟后，朱弗里通过电话答复我说："鲁，你的建议不错，但住房应建在棉兰，这样孩子们可以走出创伤。"

我对朱弗里的意见表示赞成。一段时间后，我们建起一座安置所，收容受灾儿童。我认为，他们首先应该有一个能庇护他们的家。

这一切的背后总是有大智慧。所有的印尼人无一例外地同舟共济，团结协作。这是一个民族生存和发展的先决条件之一。

## 首先为了儿童

救援的主要对象是儿童，他们是最直接的受害者。另一方面，他们经历了深重的灾难，在抚平创伤后，应该保持活力，和以前一样发挥作用。他们需要一个新的家，必须去上学。

海啸发生后两个月，我们在北苏门答腊省德里沙登县为受灾的亚齐儿童建立了一间安置所。安置所由珀尔萨达建筑总公司(PT Total Bangun Persada)承建。资金来自 Trans TV 电视台、梅加银行，以及 Trans TV 电视台观众的捐赠。建设安置所的 3 公顷用地由国有种植企业奴山塔拉第二种植公司（PT Perkebunan Nusantara II）提供，可以根据需要无限期地使用。

投入资金 140 亿卢比，后来被命名为"迈达尼儿童之家"（RAM）的安置所于 2005 年 2 月 5 日开工建设。优素福·卡拉副总统出席了奠基仪式。"迈达尼"寓意文明，没有教育便没有文明。

与此同时，我们派团到亚齐省和北苏门答腊省的各个家庭和避难所，迎接受灾儿童。他们是根据家境调查登记的，并一视同仁地被安置在儿童之家已完工的各个房间。

8 个月后，恰好是 2005 年 12 月 25 日，海啸一周年前夕，整个设施业已竣工，受灾儿童均已在儿童之家落户。那天，苏西洛总统和第一夫人阿妮、几个部长和各界嘉宾，包括东帝汶总统古斯芒，出席了迈达尼儿童之家的落成典礼。

儿童之家的落成典礼在滂沱大雨中历时约 25 分钟，仿佛这是在去除残留在它上面的灰尘，似乎是真对我们努力奋斗的祝福。阴雨带来了凉爽，也增加了伤感的气氛。在我宣读了关于儿童之家的简要报告之后，总统发表了讲话并为迈达尼儿童之家揭幕。随后，苏西洛总统和第一夫人阿妮察看了安置所。受灾孩子们在与第一夫人拥抱时禁不住哭泣，气氛令人忧伤。孩子们要走出心理阴霾仍有很长的路。

阿妮女士也禁不住流泪。她强忍眼泪，试图鼓励孩子们努力学习，不辜负已逝去父母的期望。"当然，你们以后会成功的。勤奋学习，好吗？"

在来宾们的祈祷和眼泪的陪伴下，迈达尼儿童之家正式投入运行。孩子算是有家可归了，并将很快重返校园。


## 孩子们的好妈妈安妮塔

此后，我的妻子安妮塔领导建立附属于凯鲁·丹绒基金会（CTF）的重点学校。学校只办高中班，学生们有望能考上重点大学。这所学校及其提供的住宿都是免费的。

安妮塔至今还在充当他们的母亲。她定期走访学校，学校就在迈达尼儿童之家。她毫不犹豫地把自己的个人电子邮件地址给学生。"你们如果要投诉，或者思念父母，有什么要发泄，或有任何其他问题时，一定要发送一封邮件给我。我肯定给你们回信。"她说。

"迈达尼"寓意文明,没有教育
便没有文明。
迈达尼儿童之家特意建在棉兰,
安置亚齐海啸的受灾儿童。

在 2004 年年底一场席卷亚齐的海啸大灾难之后，建立在凯鲁·丹绒基金会（CTF）区内的迈达尼儿童之家（RAM）。

# 特困生的免费
# 重点学校

为安置 2004 年海啸受灾儿童而建立的迈达尼儿童之家
（RAM）应该继续发展壮大，向所有交不起学费的孩子们开放。

在 2006 年年初开始用于建造迈达尼儿童之家的 3 公顷土地上，2010 年 2 月
又建设了一家重点高中。该校首批招收 2010/2011 学年的学生。这所学校也在
凯鲁·丹绒基金会（CTF）的旗下，就叫作 CTF 重点高中。基金会成立于 2007
年 6 月 18 日，由我的妻子安妮塔·拉特纳萨里运作。

2010 年 7 月 18 日，北苏门答腊省省长善苏·阿里芬先生莅临剪彩，并在标
志着 CTF 重点高中正式落成的牌匾上签名。

这所重点高中为家庭贫困而成绩优秀的初中毕业生提供继续深造的机会。这
些本来有可能成为未来领导者的孩子不能继续上学，只是因为差钱。

他们在此学校接受专门训练，准备报考国内外各知名大学。如果被录取，我
们还将继续提供住宿费和学费直至研究生甚至博士生。此外，学校还逐步进行标
准化配置，实现与国际学校接轨。

CTF 学校只办自然科学班，不办社会科学班。报考本校的初中毕业生的条件，
是从七年级到九年级累计，数学和自然科学核心科目的平均分不低于 7 分。

除了有天赋外，他们也必须来自确实没有经济能力的家庭，而不是公务员家

庭。初中成绩单以 CTF 预先提供的格式分发到各考生所在学校，并经各学校校长审批。

父母的同意也是绝对必要的，因为一旦被 CTF 基金会的学校录取，他们将必须住在宿舍里，只有在规定的时间才能回家。

除了学生必须成绩优秀外，教学过程也必须是不同的，教师素质必须提高。在第一学年上课之前，先对教师进行特殊的培训。学校聘请了约翰内斯·苏里亚博士教授的团队来做这项工作，并实施学生录取标准和机制。

我们还从一些伊斯兰寄宿学校的毕业生中选拔教师到北苏门答腊来，住在儿童之家。他们除了按各自的专业当教师之外，也有责任提供完整的宗教教育。这是根据 CTF 的主要使命来安排的：学生不仅要在学术上成长，而且必须提高宗教上的信仰和虔诚。这个理念在 CTF 是绝对的，不能让步。

鉴于考生按规定进行评估的时间很长，CTF 每年 1 月份便开始 7 月份入学新生的录取工作。录取过程从审查每份由考生所在学校校长签名审核过的申请文件开始，接着是学术测试、心理测试、面试，最后直接进行家访调查。

已经住进迈达尼儿童之家的孩子在第一学年有优先权，因为他们不需要过行政选择和调查这两关，但也必须进行与外部考生一样的学术测试和心理测试。

有不少考生头一关学术测试便不及格。有的则是学术测试及格，而在家访调查时，发现家中的实际情况与行政所记录的情况不一样。

考生通过初选的信息，直接告知其所在学校，同时在 CTF 的网站（http://www.smactf.sch.id）上公布。考生会被通知参加下一个选择的过程，其中的学术潜力测试，包括数学、自然科学、英语和心理的测试。不仅有笔试，还有一个专业团队进行面试，并进行体检。

在测试过程中，CTF 会派班车在一些规定的地方接送，如果住得太远，会给交通费补助。此外，还提供午餐。

2012/2013 学年的考生来自北苏门答腊省的 27 个县市，超过 2000 人。他们中的大多数通不过行政关，其中一些人自动退出，有少数落选，因为父母是国家公务员。在总数 1576 人中有 135 人通过了学术考试，再接受家访调查，只有 100 名考生被接收为 CTF 学校的学生。

在 2012 年 CTF 学校已经有两届学生：X 班和 XI 班。学校自习室以著名科学家的名字命名，如爱因斯坦、孟德尔和道尔顿等，以激发学生将来成为像他们一样的人才。

## 改善设施

从舒适的教室、语言电教室，到物理、生物、计算机实验室，各种教学设施已经完备，并不断升级改进。

在儿童之家 3 公顷的区域内，还建有各种现场实习设施：鱼塘、耕地，甚至还有微型市场。通过这些设施，学生们能尽早学会怎么经营企业。期望这些办企业的基本知识和技术，为他们日后谋生创业打下良好的基础。

CTF 的所有学生都发给零花钱。学校放假时，给他们提供在 CT 集团公司下属各企业实习的机会，如梅加银行、家乐福或电视台。学校还有标准足球、五人制足球、羽毛球、篮球、乒乓球、空手道等各种体育场馆设施。学校成立各种运动队，强化课外活动。有时还参与北苏门答腊各地区学校之间的比赛。

CTF 重点高中运行不到两年时，2011 年 12 月 28 日到 2012 年 1 月 3 日，我们已经派代表去西努沙登加拉省马塔兰参加世界物理奥赛。这是约翰内斯·苏里亚教授发起的世界水平的年度赛事。虽然我们没有取得名次，但参加这种活动本身就说明了学校所取得的成就，也激发了同学们刻苦学习的动力。

CTF 不仅在学习成绩方面，而且在性格特点方面，培养出了优秀的学生，也就是说，我们教育每一个学生，在比赛中，取胜并不是最重要的，重要的是取得经验和动力。这些性格特点已经根植于 CTF 重点高中学生的心里，符合他们的愿景："性格和成就俱佳"。

学校毕业生的成绩标准一直在提高，可与全北苏门答腊，甚至雅加达最好的高中学校媲美。我们希望成为最好的。

如果说北苏门答腊的 CTF 重点高中已经在稳步运作，那么根据天意，我们还将在印尼其他省份办同样的学校，这样，在印尼将不再会有合格的儿童只是因为缺钱而失学。

到现在为止，CTF 重点高中有 400 多名学生住在迈达尼儿童之家。每月的运营成本大约是 5 亿到 10 亿卢比，从 CT 集团公司下属各企业调拨。

这一切都非常值。来自贫困家庭的孩子不仅能够回到学校，还能在国内甚至国际上创先争优，没有什么能比这更让人高兴了！

## 安妮塔的角色

我的妻子安妮塔比我去 CTF 的次数更多。她每次去总是直接与孩子们一起谈心，履行做孩子们母亲的义务。她还与教师们一起讨论研究各种问题，并及时提供解决方案。

我看到安妮塔花了很多时间从事公益活动，十分高兴。我们在工作和生活中，彼此的想法总是能够相互补充。

每次去学校，我听到同学们在各个房间和大厅里念诵《古兰经》，看到他们勤奋学习，觉得十分欣慰。有时看到他们，我会想起我自己过去的日子，比如在凡利斯初中时学做买卖，高中时在茂物的芝亚布斯野外上生物实习课等。

孩子们，好好学习，我们不会让你的父母卖掉细软去换取你们的学费。你们也有能力让你们的家庭摆脱贫困，并为你们的同胞们做出榜样。

我们成立的学校是重点高中，为家庭贫困而成绩优秀的初中毕业生提供继续深造的机会。

在北苏门答腊省棉兰市凯鲁·丹绒基金会（CTF）与成绩优秀的贫困家庭学生们在一起

我在北苏门答腊省棉兰市的凯鲁·丹绒基金会（CTF）的牌匾上签字，我的妻子和亲爱的孩子们在场见证。

# 民族觉醒日百年纪念活动

1997 至 1998 年全球金融危机和随后的印尼多维危机我们一点一点地熬过去了。然而仅过了 6 年，印尼刚刚恢复点元气，便遭受了强烈地震引起的海啸灾难，造成亚齐和北苏门答腊 17 万同胞丧生。这两种不同的灾难给我们带来了痛苦，但有了全国人民的共同努力，我们终于克服了这些人祸和天灾。

2008 年，全球经济危机卷土重来。从美国房地产业不良贷款开始，金融机构的偿付能力和流动性持续崩溃，紧接着是美国几大巨头公司的倒闭。危机随后蔓延到世界各地，包括印度尼西亚。幸运的是，印尼受 2008 年全球金融危机的影响不算太大。尽管如此，贫困和失业仍是个老问题。

2008 年，正好是印尼民族觉醒日 100 周年。一个世纪前，在 1908 年，一小群受过良好教育的年轻人已经为后来 1945 年宣言的诞生奠定了组织基础。苏托莫博士在 STOVIA（荷兰东印度殖民地时代在巴达维亚的土著医生学校）的自习室里向学生们说明，民族和国家的未来掌握在他们自己手中。这个青年组织后来被称为"布迪乌托莫"（中文也译为"至善社"——译者注）。

## 复兴之路

上一个世纪有各种问题影响着印尼。经过 1998 年的改革时代，一方面出现了人道主义的理念，但另一方面，反而有不少人变得悲观，不知这个国家向何处去，似乎越来越陷入毁灭的深渊。

在各种形式的改革之中，这种消极的情绪是不能容忍的。如果连继续奋斗的勇气和对自己国家的自豪感都在衰退，怎么可能建设国家和复兴民族呢？

在这种情况下，苏西洛·班邦·尤多约诺总统，在优素福·卡拉担任副总统时，曾表示希望组织一项活动，不仅仅是纪念印尼民族觉醒日 100 周年的仪式。这项活动要能够动员全民各界，达到具体的效果，即，提高民众的乐观主义精神，改变人们的旧观念，加强民族自信心，相信我们这个国家有朝一日一定能够成为世界第一。

于是，纪念民族觉醒日 100 周年全国委员会宣布成立。为加强该委员会，苏西洛总统发布了 2008 年 2 月 25 日第 5 号总统令。

国务秘书部部长哈达·拉加萨先生任该委员会主席，通讯与信息部部长穆罕默德·努哈先生任副主席。我被任命为执行主席，伊沙迪先生为执行副主席。

## "印尼能行！"

随后，我们集中一些政府部门的人员，并邀请所有媒体一起工作。广告界的朋友则帮助制作各种公益广告，以供在各个媒体播出。

我们计划举办一系列活动。尽管活动多，但精神理念是一致的。我们的口号是："印尼能行！"以表现印尼人民的精神、勇气和坚定。我们要昂头挺胸，迎接一个先进、繁荣、世界第一的印度尼西亚。

这一系列充满活力的活动于 2008 年 10 月 28 日落幕，以便与青年誓言节纪念活动一致。这天，纪念民族觉醒日的最大型活动在格罗拉蓬卡诺体育场隆重举行，其规模之大在印度尼西亚共和国的历史上是空前的。与会者 3 万人，12 万观众目睹了此次盛会。所有地方和国家的电视台和几乎所有在印尼的媒体都报道了此次活动。

著名歌手艾多·康多罗吉以其无比美妙的歌声高唱国歌《伟大的印度尼西

亚》，揭开了当晚印尼民族觉醒日100周年纪念活动系列节目的序幕。然后，没有指挥，《伟大的印度尼西亚》的歌声一齐响彻格罗拉蓬卡诺体育场。随后是军方和警方的代表以及印尼电视台资深记者艾芬迪·孙表演跳伞。此外，还有600人表演的萨满舞。

## 大家都满意

活动结束后，不少在格罗拉蓬卡诺体育场的观众仍在流泪。那是激动的眼泪，体现了民族主义的精神："印尼能行！"观看电视现场直播的人们也被这盛大而热烈的场面所感动。

没有多少人知道，举行上述活动并没有动用国库资金，而是来自企业界的捐献。而且这全都是各级政府机构、军队和警察、大中学生、伊斯兰寄宿学校的孩子们辛勤地义务工作的结果，还有许多知名广告公司的协助。

大家都满意，大家都说成功，尽管活动的准备工作仅用了两个月左右的时间。举办活动前，在格罗拉蓬卡诺体育场开展了各种大型的密集强化训练，涉及社会各界方方面面。在一个"印尼能行"的概念中，这么多人舞蹈和音乐的节奏要高度一致很不容易。

活动结束后，所有的人都来跟我这个执行主席打招呼，祝贺成功。当然这并不是我自己一个人工作的结果。我一边和别人拥抱，一边走出了体育场。在总统面前，优素福·卡拉副总统说："苏西洛先生，如果满分是10分的话，我们给凯鲁先生15分！"

活动结束后，所有的人都来跟我这个执行主席打招呼，很显然这不是我一个人工作的结果。我一边和别人拥抱，一边走出了体育场。在总统面前，优素福·卡拉副总统说："苏西洛先生，如果满分是 10 分的话，我们给凯鲁先生 15 分！"

在印尼民族觉醒日百年纪念活动上，与苏西洛总统及优素福·卡拉副总统在一起。

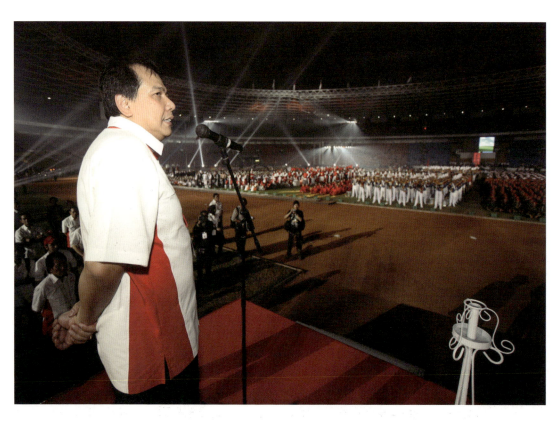

向印尼民族觉醒日百年纪念活动的 3 万名支持者提供指导

与雅加达警备区少将司令员苏里奥·普拉博沃一起。我在给参加 2008 年印尼民族觉醒日百年纪念活动的全体人员鼓劲。此活动在雅加达格罗拉蓬卡诺体育场隆重举行，其规模之大在印度尼西亚共和国的历史上是空前的。与会者 3 万人，12 万观众目睹了此次盛会。所有地方和国家的电视台都报道了此次活动。

# 发起"印尼2030年愿景规划"

当我在印度尼西亚论坛基金会（YIF）提出 "2007年制定印尼2030年愿景规划"，尤其是当我提到，印尼到2030年将成为一个人均收入1.8万美元的发达国家时，很多人都持怀疑态度。

"哇！凯鲁真是个大梦想家。" 一些持怀疑态度的人如此取笑我。我并不敢忽视这些怀疑者的观点，事实上，它促使我能够理性地分析，并证明实现这些预测的可能性。我找来一批经济学家、企业家和专业人才朋友，与他们一起进行科学评估和预测。

"印尼2030年愿景规划"是YIF的思想创意，期望印尼能发达，并比肩于世界各强国。我是在做梦，但这不是一个空洞的梦，而是基于理性的科学研究，结合了印尼人民的现实生活。我对印尼发展成社会繁荣的现代化发达国家非常有信心，但是，要成为发达国家，只能靠努力工作来实现。

2007年，YIF便曾预测，印尼2010年的人均收入将达到1838美元。然而，实际的结果竟然超过了YIF的预测。今天，印尼的人均收入甚至已超过3500美元。我相信到2030年，印尼人民的收入还将超过2007年YIF的预测。

我的信念是基于这样的事实，即我们的国家是一个伟大的国家，资源也非常丰富。如果没有准确的数据，我当然不能谈论印尼国家未来发展的可能性，更不可能说服别人。因此，我经常请教经济学家，与他们讨论。

讨论得出的结论是，为了看到印尼 30 年后的未来，我们不可以只靠货币或财政的手段，还要考虑其他各种变量，如人口统计学因素。此外，为了看到了印尼未来的发展趋势，还必须研究过去 20 至 30 年印尼的经济表现。

自 2006 年以来，我曾与拉登·帕尔德德、安吉托·阿比曼友、班邦·布罗佐内格罗、苏瓦哈希尔·那扎拉以及其他经济学家进行过多次讨论。他们现在都在全国经济学界占有重要地位。我们讨论后认为，应该用另一种方法进行分析，即用人口结构图。在接下来的 25 年里，这个国家的人口结构是怎样的，总数是多少，各有多少人接受了初中、高中、大学的教育。这一切都将决定我们的政策和策略。从长远来看，人口的质量最终决定经济的质量。

苏瓦哈希尔博士是印度尼西亚大学较年轻的经济学教授。他第一个提出了"人口红利"的理论。他向其他经济学家说明了此理论。接着，经济学家们试图让我相信"人口红利"。为此，我直接请苏瓦哈希尔教授到梅加银行塔楼 19 楼讲课。

"如何看待印度尼西亚未来 25 年，作为最方便的参考，我们最好回顾一下过去 25 年。"苏瓦哈希尔教授说。这样的逻辑思维对我来说很有意义。20 世纪70 年代，一个家庭一般有 5 个孩子。在这样的条件下，一个父亲工作要同时养 7口人，即两口子加 5 个孩子。而现在，平均每个家庭只有 2 个孩子。

教授讲完后，我便举自己为例：20 世纪 70 年代有一段时间，一个煎蛋要分成 7 份给一家人：父亲、母亲和 5 个孩子。

家庭成员的数量减少，生活成本便下降。一位父亲工作养活四口之家（自己、妻子及两个孩子）可能有结余，从逻辑上讲，储蓄能力提高了。与此同时，宏观上国民经济的增长可以带动微观上家庭收入提高。另外，储蓄是印尼经济的主要驱动力，并提供了发展的资本。这便是苏瓦哈希尔教授所描述的人口红利经济理论的核心。

## 制定"印尼 2030 年愿景规划"

我作为印尼论坛基金会的董事长，要求苏瓦哈希尔教授帮助班邦·布罗佐内格罗教授。后者我已经指定其为负责制定"印尼2030年愿景规划"的项目负责人。当时班邦教授是印大经济学院的院长，现在是财政部财务政策研究中心的主任。

随后，我们把苏瓦哈希尔教授提出的人口红利的计算与人们在食品、能源和水三方面潜力的计算结合起来。这一切为"印尼2030年愿景规划"提供了25种不同学科研究的平台。

从广义上讲，我们梦想印尼能与世界上各强国平起平坐，社会繁荣，每个印尼公民平等地享受经济发展的成果。

"印尼2030年愿景规划"有四大支柱：
· 可持续自然资源管理；
· 推动印尼成为人均年收入1.8万美元的前5名世界经济大国；
· 实现现代生活质量的普及；
· 至少有30个印尼公司上榜财富500强企业。

YIF专家组的研究成果随后汇编成书，于2007年3月22日在国家宫发行，并呈交苏西洛总统和卡拉副总统进行评估。我们向国家提出的是这些想法的摘要。出席发行仪式的有印尼联合内阁全体阁员、大使、警察署署长、印尼国民军司令以及全体参谋长、校长、印尼知名企业家。

许多专家认可汇总于"印尼2030年愿景规划"的乐观计算，但也有不少人认为这一切只是一场大梦，其中一些人干脆拒绝发表在国家媒体上。

从YIF卸任之后，我于2010年通过总统令被任命为国家经济委员会（KEN）主席。在YIF的各种编制工作还在进行中，我不能就这样离开。我把这些资料带到KEN，它们成为我研究了解2030年之前印尼社会消费变化趋势的基础。我还把它们作为CT集团公司决策的依据。

在经济学家眼里，这些人口红利的一系列数据可能是一些纸上的计算结果，而我作为企业家，则试图运用它们来制订当前的经营战略，以满足未来社会的需求。例如，我已经在望加锡、万隆和即将在雅加达和其他地方建立的"Trans影视中心"。这便是一种尝试，以满足老百姓对现代休闲娱乐设施的渴求。

实际上Trans影视中心是专为未来市场的需求而成立的，其时总人口已随着收入和消费的增加而增加。这是我发言时所举的一个具体例子："以目前的价格购买未来的东西"。

我相信，未来的经济增长不只是集中在大雅加达地区或爪哇岛，而且还会发展到全国各大城市。

在管理CT集团公司的同时，我也忙于KEN的各种活动，与苏西洛总统一起出席内阁会议或随总统出国访问。我有时也会突然被总统召见而不得不离开忙碌的办公室工作。

每星期二，是我去KEN与大家定期开会的时间。这些也都是我为了实现那个很大的梦想而做的，是为了创造印尼更美好的未来。我们的国家是一个伟大的国家，有潜力成为一个社会生活发达和繁荣的现代化国家。

　　"印尼 2030 年愿景规划"是
YIF 的思想创意，期望印尼能发
达，并比肩于世界各强国。
我对印尼发展成社会繁荣的现代
化发达国家非常有信心。

在雅加达国家宫提交"印尼 2030 年愿景规划"

2006 年在雅加达国家宫提交由印度尼西亚论坛基金会所提出的"印尼 2030 年愿景规划"之后，与苏西洛总统及优素福·卡拉副总统交谈。

# 担任印尼乌里玛委员会顾问委员会副主席

**33**

起初，我很难满足在2010年7月印尼乌理玛委员会（MUI）第8届全国代表大会上发言的要求。因为当时我的日程安排得非常紧，我只能在6点钟以后在MUI全国代表大会上讲话，所以我要求伊斯兰梅加银行的乌里玛主任维扎克索诺与MUI全国代表大会组委会联系重新安排日程。我被邀请给伊斯兰学者们讲话，是因为当时大会的主题为"进一步发挥乌里玛在提高民族道德和人民经济能力方面的作用"。

在给乌里玛学者们讲话之前，我坦率地对MUI主席马鲁夫·阿明哈吉说："先生，恕我直言，伊斯兰信众在经济方面落后，我们的神学专家和MUI是有责任的，因为学者们没有教穆斯林怎么面对现实世界，而是教他们追求后世，尽管我们没有经过今世也不可能有后世。"

尊敬的哈吉回答说："这是历史的问题，凯鲁先生。过去，尤其是在奥斯曼土耳其时代，伊斯兰教在世俗方面曾经是非常伟大的，控制了世界大部分地区。但一些人认为这是以放弃精神层面的要素为代价的，应该有一个平衡。这些人减少了这些世俗的做法，可惜减得太多，直到最后几乎完全消失。"当我们与几个MUI的主席一起等待代表大会开始时，马鲁夫·阿明哈吉回答了我的问题。当时我正准备演讲有关穆斯林信众的经济能力的问题。

"让我们来看看传教者们在星期五布道时所说的话，大部分都不会偏离地狱的折磨太远。几乎没有人告诉我们，为了到达天堂，还必须生活在世界上，做有益于他人的事情。"

"这也就是凯鲁先生您一会儿要对在座的学者们演讲的原因。"马鲁夫先生建议说。

获得马鲁夫先生和其他 MUI 主席的许可，在演讲会上，我便单刀直入地谈穆斯林在经济领域的落后问题。

在演讲中，我说，穆斯林人口众多，却只有少数人能掌握经济，能生活在好的后世却不能生活在好的今世，伊斯兰神学专家们要对此负责。

听到此，很多伊斯兰神学家都瞠目结舌，大都接受不了我的指责。尽管如此，我还是继续讲下去，因为我对此早有思想准备，他们感到愤怒是合乎常理的。讲座继续进行，气氛逐渐变得热烈而激动，学者们很有兴趣进一步讨论。

2010 年 7 月 25 至 28 日 MUI 全国代表大会召开过程中，当日落之后举行讲座时，一定有许多与会者进进出出，有不少座位是空的。而这一次轮到我演讲和随后展开讨论，学者们都没有离开座位。讲座后的辩论热烈异常。

我告诉他们，如果穆斯林想崛起，在经营企业方面有所进步，还有三个方面的问题需要解决：第一，文化方面；第二，结构方面；第三，技术方面。

文化方面涉及文化、规范、价值观、人生观和早已在穆斯林社会中成为传统的风俗习惯。结构方面涉及对穆斯林的生活有影响的政府政策。而技术方面涉及穆斯林在企业管理中的一致性、认真态度和竞争力。

文化方面的解决方案，是发扬符合伊斯兰价值观的商业精神。结构方面的出路是推动政府关心扶持伊斯兰社区办企业，制定好有关政策，特别是有关获取信息和资金方面的政策。至于技术方面的解决方案，是提高穆斯林在企业管理方面的能力、专业化水平以及技术。

当时的大会议程之一，是选举并组建 MUI 新领导班子。从那以后，MUI 便聘请我做其顾问委员会副主席至今。

其实，我与伊斯兰神职人员关系一直比较密切。自 1994 年以来，我经常在印尼穆斯林知识分子协会（ICMI）跟一些朋友讨论问题，他们包括阿迪·萨索诺、达旺姆·拉哈佐和伊斯兰教的一个经济专家穆罕默德·沙菲仪·安东尼奥，他原名 Nio Gwan Chung（或为"梁元聪"——译者注）。

2004 年收购突古银行并将其改造为伊斯兰梅加银行这件事，使我与神学家们联系更密切。这是在印尼第一家以伊斯兰教的理念运作的私有银行。

目前，我们正在编写一本书，内容包含了传教者的指导原则。还有已经完成的书是《企业文化》和《穆斯林经济的振兴》。这后一本书已经分发给在印尼各地区的许多 MUI 领导班子成员。通过这些书，期望穆斯林能够被动员起来，站稳脚跟，成为强大的企业家。

除了我之外，MUI 顾问委员会还有好几位副主席，包括阿兹瓦尔•阿纳斯先生。对我来说，这事就像是安排我与阿兹瓦尔先生在 MUI 领导班子重逢。以前我见到他是在西苏门答腊做社会工作的时候。那时我还是印大口腔医学院的一个学生，而他是西苏门答腊省省长。

穆斯林人口众多，却只有少数人能掌握经济，能生活在好的后世却不能生活在好的今世，伊斯兰神学专家们要对此负责。

每次斋月，我和家人邀请伊斯兰教专家、政府官员和社区领袖到雅加达突库乌玛尔街的我家，一起参加开斋仪式和夜间祈祷。夜间祈祷后，我总是做主持人，引导大家心对心内部对话的过程。

斋月与伊斯兰教专家、政府官员和社区领袖一起在我家祈祷

斋月在我家祈祷

与苏西洛总统及布迪约诺副总统一起在雅加达梅加银行塔楼做星期五祈祷

# 印尼电视业的转型

对我来说，媒体，尤其是电视台，就像是一个硬币的两面，一面是理想主义，另一面是生意。在业务发展过程中，这两者缺一不可，必须齐头并进。没有来自企业盈利的钱，理想主义的使命便不可能完成。尽管我现在这么看，但当初我进入电视行业时没有什么具体计划。

大约在 1994 年，进出口银行的子公司进出口租赁公司要求我接手其不良信贷。那是在雅加达克芒区的一座建筑物及其里边的东西——一套设施完备的工作室。现在，这座建筑已成为我妻子安妮塔·拉特纳萨里管理的民族使者学校。

在这座楼里，有各种乐器、摄录器材和设备，还有拍摄照片和电影电视的工作室。既然进出口租赁公司提出了要求，而我作为进出口银行的老客户，无论如何得帮助。此外，接管此资产我用不着花一分钱，因为是它作为从进出口租赁公司的借贷，所以我只需在新的信贷协议上签名。

当时，我真不懂如何操作工作室和管理这些资产。于是，我找到我在雅加达布迪乌托莫国立第一高中的同学萨斯达，他把我介绍给在雅加达君悦酒店的伊沙迪·S.K.。萨斯达是他的侄子，而伊沙迪先生当时刚从印尼电视台经理的职位上被辞退。

在与伊沙迪先生第一次见面时，我向他提出了克芒区这家工作室的问题，要求他帮忙。当时，他表示愿意帮忙，但要先了解实际情况。

第二天，我们一同去克芒区，伊沙迪先生还带了一个印尼电视台前高级职员。当我问伊沙迪先生可不可以把这地方作为生产性房子来管理和运作，伊沙迪先生当时只是笑笑。我能理解他此时的心态，因为他原是印尼电视台的大经理，而现在却要他管理一个小小工作室。

尽管如此，他还是经常到我在雅加达城区的办公室来见我。伊沙迪先生答应给我推荐会经营工作室的人。与此同时，我也经常跟他谈办电视台的想法。终于，在一次谈话中，我说："这样，伊沙迪先生……如果可能的话，咱们办个电视台吧。就您来办！"

这实际上就是 Trans TV 的缘起。然而，实现这个想法，并非易事，而是花了很长的时间，充满了奋斗和拼搏。此外，当时伊沙迪先生还不能直接帮助我，他派谁来也还不清楚。最后，我试探着问某私人电视台的一些朋友，请他们帮忙修理工作室损坏的设备并把工作室运作起来。

在与这些朋友一起聚会时，大家终于有了主意，决定先创作一部肥皂剧。该脚本完成后，做了一部 6 集的肥皂剧，希望拍成后能很快出手，并在该私营电视台放映。出现这乐观的结果是因为其中有个朋友说，他已收到该私人电视台的肥皂剧订单。

恰好此时迈克尔·鲁斯林（阿斯特拉国际企业集团首席执行官，已故）的妻子特里斯妮·鲁斯林拥有一家时装精品店。事先我并不知道，但肥皂剧演员的服饰显然是她做的。特里斯妮似乎很兴奋，因为她希望使用她服装的肥皂剧在私人电视放映时会被观众看到。为了制作这肥皂剧，我特意另买了摄像机和完整的配套设备。

然而，接下来发生的事，是我们一直苦心制作的肥皂剧被那家私营电视台拒绝了。我十分恼火。最后，我去见了那家私人电视台的节目导演，他说，他们电视台所出的订单函是"非约束性的"。在那次会面中，我还见到了那家私营电视台的技术总监。

当时我真的胡思乱想，觉得被一群私营电视台的朋友欺骗了。我暗暗发誓："好，就这样吧。我一定要创建自己的电视台。"

随着时间的推移，我内心一直有某种冲动，要实现被压抑的建立电视台理想。

与此同时，我一直与伊沙迪先生保持着联系，直到他成为印尼教育电视台（TPI）的经理，并去美国读博士。他已经成了我通信专业问题的私人顾问。

伊沙迪先生当时成为苏哈托长女西蒂·哈迪扬蒂·鲁玛娜（即"杜杜"）所拥有的TPI的经理，之后，又于1998年提升为新闻部的广播电视电影（RTF）局长。然而，8个月后，即苏哈托先生下台后，他的RTF局长职务却被辞退了。当他给我打电话时，我正好与亚洲开发银行（ADB）执行行长优素福·安瓦尔先生一起在美国华盛顿特区参加国际货币基金组织（IMF）的年会。

"凯鲁先生，我被新老板解雇了，不当RTF局长了。"伊沙迪先生说。

当时，哈比比总统提名阿齐兹·侯赛因做RTF局长。然而，在同一时间，哈比比先生又批准在现有5家电视台的基础上，开放成立5家新的电视台。

太好了，我正好利用这个机会来实现成立一家电视台的夙愿。通过华盛顿的电话，我劝伊沙迪先生准备好所有相关资料，迎接政府开放新电视台经营许可证的计划。

回到印尼后，我开始密集约见他，讨论构建一个电视台所需的条件。要实现这个愿望并不容易，因为评选委员会提出的条件十分严格。那些能够获得许可证的新电视台无论在技术或资金方面都做了最充分的准备。所有有关各方必须向当时由尤努斯·约斯菲亚领导的新闻部提交一份建议。

感谢真主！编制和提出建议的过程变得比较容易，因为办过电视台的人在协助我。他们是我1999年在西爪哇茂物宫举办"我们关心印尼"活动时一起工作认识的朋友。因此，我们提出的建议理所当然被评选为最佳建议，从而可以得到最低频段。这意味着我们用与其他电视台同样的功率发射电视信号，覆盖范围更广，灵活性也更高。

新电视台的名字是"印度尼西亚转型电视有限公司"或"Trans TV"，意思是其任务和功能是朝更好的方向持续改造印尼。Trans TV的名字，是此前在雅加达苏迪曼大街上的商业银行大厦内金融俱乐部所举行的一系列会议讨论出来的。那时是1999年，正当改革过程中，社会各界期待着从"新秩序"朝着"改革秩序"转型。

我们也希望，改革不只是改变。我们希望是持续的变革。我们希望印尼能够更好，不只是一个阶段，而是一个持续的、不会中断的变革过程，所以我们选择"转型"——叫作Trans TV。

## 电视台的建设过程

有了名称和经营许可，如何建立呢？在与亚历克斯·库马拉讨论时，我们估计费用总额需要 1500 亿卢比。我说，如果是这么多钱的话，安拉保佑，行。我手头有 500 亿印尼卢比现金，其余的去银行借贷。

建立电视台的问题我就靠亚历克斯·库马拉和彼得·贡塔了。他们两人曾在私营的 RCTI 电视台做过管理工作，当时此电视台属于比曼塔拉集团。

据彼得·贡塔称，建立一个电视台并不难，没有必要搞工作室，有一个店面就能建立一个电视台。相反，亚历克斯·库马拉却认为，建立一个电视台，光演播工作室就得有好多才能制作自己的节目。最后，我们决定在 Trans 电视大楼内建一批工作室。下一步就是要找到一个合适的地方建电视大楼。本来打算在西雅加达的克文哲鲁克地区建造，以便靠近发射机。

然而，伊沙迪先生和亚历克斯·库马拉去调查后发现那里并没有合适的地方。与此同时，我刚从印尼婆罗多公司购买的在腾德安街的土地还空置着。由于Trans TV 要用空地，最终决定将此地块用于建造梅加银行塔楼和 Trans TV。

2000 年，Trans TV 至少需要 250 名新员工。招募在各种媒体上进行，也用口口相传的方式。当时求职者的申请书高达 7 万份。我劝各级负责人多选择应届毕业生，理由很简单，我们要建立的是一个充满了新范式、新精神、新希望的未来的电视台，这个电视台在印尼应该是第一流的。

我们立即以斯巴达简朴的方式，开始教育、培训，直到前期准备等一系列工作。然而，还有一件事要灌输给他们，那就是 Trans TV 以后就是他们自己的家，而不是他们的办公室。在这个大房子里，他们要在一个亲密的家庭环境中工作，建设全印尼最好的电视台。

在随后的过程中，我们发现，建立 Trans TV 的投资成本估算错了。计划1500 亿卢比的预算不够，而建设尚未完工。同样地，制作节目的设备和其他必需品也未兑现。我只好再去找钱，全力以赴补足缺口，直到最后总共花掉 4000亿卢比。除此之外，我在 2001 年 12 月 Trans TV 开播之前还去曼迪利银行申请信贷。

从国有银行借来的约 3000 亿卢比，在一个月之内用完了。在我成立电视台的初期，我真觉得这个行业咋那么像个吸血鬼，简直要吸干我身上的每滴血。在 Trans TV 节目开播初期，我每月至少必须往里贴 300 亿卢比。节目播出后，与我贴进去的数千亿卢比相比，获得的收入简直微不足道。

看到这种情况，我心里真有点害怕和失望，因为现实并不如我所料想的。更何况我算出，往后每月还要往里倒贴 300 亿卢比的钱，更感到毛骨悚然。2001 年 12 月 Trans TV 开始试播，每天播出 12 小时。到 2002 年 9 月，电视节目播出时间提高到每天 20 至 21 小时。

我当然不愿没完没了地受到这恐怖情绪的困扰。因此，我采取措施减少赤字，直到 2003 年 7 月我终于从倒贴的困境中走出来。自此之后，Trans TV 的现金流开始正常，盈利也开始上升，而节目债务（例如从国外购买电影）也开始可以分期偿还了。

从 2004 年 9 月开始，我们改变了节目策略，从最初的外购变成内部创作。这样做，我们能够以低制作成本控制节目内容。以此新策略，我们可以自行决定菜单，自制深受观众欢迎的各种"美味佳肴"。

2004 年，Trans TV 通过一款现代化包装的民间流行音乐综艺节目《诱惑》大获成功。当时，该节目在印尼几个城市演出并在 Trans TV 直播。我也跟着到各地感受广大群众的反应和热情。露天演出时我甚至混在观众中看。

另一观众喜爱的成功节目，是 Trans 电视影院。那时，Trans TV 负责管理节目的是艾哈迈德·费里兹各·伊万。一般看电影是要出家门去电影院的，我们改变这种观念，看电影是在家里通过电视看，但感觉像在电影院。

## Trans TV 的绩效持续攀升

感谢真主，在改变节目制作的方式后，Trans TV 的绩效持续攀升。2005 年开斋节后，Trans TV 的绩效继续不停地攀升，2008 年达到顶峰，其销售额超过 1 万亿美元。从那时起，Trans TV 的现金流非常大，成为资助 CT 集团公司实现各种收购的贡献者。那时 Trans TV 在全国电视行业排名第一。

我办任何事都不想凑合，要办就必须最好，包括电视台的建设。如果它不能成为冠军、第一名，如果不是由专家来做，那就别干了。我相信，企业成功需要的是强有力的领导，但是我必须从自己开始。我决定"下山"，经常在 Trans TV

工作到深夜。伊沙迪先生问我："您不累吗？什么时候休息？"

我回答说："先生的问题与我妻子的问题是一样的。"

我30多年来已经习惯了晚回家，从没有停止过。我还告诉妻子："我这样做，是因为相信，这是真主的旨意。我现在已经取得的成就是真主之手相助的结果，如果不是真主的旨意，我管理的公司是不可能增长得这么快的。因为这是来自上天的托付，我应该负起责任。我必须感激。怎样感激？我必须努力工作，壮大企业。真主希望我把企业做大，有更多的就业机会，从而造福于民。"

现在CT集团公司有7.5万名员工。他们有妻子、孩子、司机等等。更不用说还有销售商、停车管理员，以及其他有关行业。我可以停止努力工作，享受生活，但这便意味着我是不值得信赖的。我要以自己守纪律、勤奋工作和始终如一的工作态度，给别人做出榜样。

我们也希望，改革不只是改变。我们希望是持续的变革。我们希望印尼能够更好，不只是一个阶段，而是一个持续的、不会中断的变革过程，所以我们选择"转型"——叫作 Trans TV。

在召开"Trans 媒体公司"工作大会前，我与 Trans 电视台及 Trans 7 电视台的员工们在一起。

在雅加达 Trans 电视台大楼内拍摄电视节目《必须能够》时，与苏西洛总统在一起。

2011 年 12 月，在 Trans 电视台成立 10 周年纪念大会结束后，向全体员工做指示。

# 与罗盘报业集团
# 合作管理 Trans 7

1999 年哈比比总统领导下的"改革秩序"时代批准成立五
家新的电视台以后，显然有许多新电视台的绩效并未能如愿，
不仅未获利，还亏本。这种情况可以理解为电视行业就像吸血
鬼，就像我刚开始建立 Trans TV 时的感觉。

在"改革时代"，实现公民言论自由和企业家办新媒体许可证的自由，包括
建立新电视台，并不像想象中的那样容易。如果企业家不够强大，很快就会陷入
破产。

感谢真主，我能够顺利渡过运行电视业的困难时期。2006 年，就在 Trans TV
的业绩达到巅峰的时候，有一些电视业主提出要进行合作。但是，当时没有一家
是合适的。后来终于等到一次机会，Trans 公司的董事兼财务专家阿希什·萨布
建议我接手 TV 7，因为前景比较看好，问题也不太严重。得知这一信息后，我马上对
阿希什·萨布说："我今晚打个电话给雅各布·乌塔玛先生（TV 7 老板），明
天上午见他，告诉他我们打算与 TV 7 合作。"

经过一系列马拉松式的谈判和协商，最终 Trans TV 通过购买罗盘报业集团
所拥有 TV 7 的 55% 的股份，建立合作关系。我认为这种合作得以实现，主要是因为
两家公司有共同的理念。合作协议于 2006 年 8 月 4 日星期五签订。

这种合作的建立还因为双方有共同的企业文化，即在公司治理及提高员工能力和福利的精神方面相似。双方有相同的愿景和使命，即传播健康的信息和娱乐，提高大众的智慧。

当时，雅各布·乌塔玛先生为罗盘报业集团的董事局主席，他表示希望 TV 7 和 Trans TV 这两个电视台的合作不应该被看作是一桩买卖。"这是建立战略合作伙伴关系，旨在使这两家电视台能成功播出高质量的节目，并实现共同的愿景和使命，为提高民族素质做出贡献。"雅各布说。

另一个同样重要的事，是两个电视台之间的合作是基于其共同的使命，即保持国家的统一，不分其受众的族群、宗教和人种，一视同仁。这对我来说尤其重要，因为印度尼西亚统一共和国是"一口价"，完全没有讨价还价的余地。而媒体，特别是电视，其主要的贡献就是维护印尼统一共和国的完整性。

事实上，媒体业的竞争越来越激烈，但企业不可以单纯追求利润。从事媒体业，包括电视台，必须履行其主要角色，不仅是传播信息和娱乐节目，还必须承担教育和建设国家的重任，使广大民众具有良好的行为道德规范并提高他们的智力水平。

媒体，尤其是电视，应该有三种功能：提供信息、实施教育、呈递娱乐。为了发挥好这三种功能，企业必须有手段，那就是利润。因此，盈利不是目的，而是企业实现理想的手段。

所有的员工和记者，包括 TV 7 的财务总监苏斯瓦蒂·翰达亚妮，都没想到 TV 7 会与 Trans TV 合作。由于此前金融机构普华永道（PwC）进行的一系列尽职调查更多是为 TV 7 与 Indosiar 及 SCTV 合并做准备的。

与雅各布·乌塔玛先生达成协议后，迅速办理有关手续，紧接着于 2006 年 8 月 4 日星期五举行了股东大会。

然后，召开 Trans 7 新管理层会议。罗盘报业集团的首席执行官亚贡·亚迪帕拉斯特出席了会议。在那次会议上，我重申，Trans 7 不可以要钱了，应该能够自己养活自己。事实上，那时 Trans 7 每月需要资金大约 150 亿卢比，但我要求新的管理层收紧开支。另外，我要求所有员工和管理人员立即把办公室从达尔马拉大楼搬到 Trans 电视大楼。

合并不仅在大楼、运营和销售系统进行，还在 Trans TV 现有的和已经建好的各个系统进行。感谢真主，合二为一，包括把 Trans 7 的广告与 Trans TV 的广告捆绑在一起后，头一个月销售额便大幅度增长。

　　所有改造在 2007 年中期进行完毕，此后 Trans 7 一直在连续盈利，至今不曾亏损。事实上，目前 Trans 7 的利润甚至超过 Trans TV。现在其收视率最高的节目，包括脱口秀《不是四只眼》和喜剧片《爪哇剧》。所以，现在 Trans 7 已经能租用自己的大楼。虽然 Trans TV 和 Trans 7 都不是新闻台，但我要求这两个台编辑部的朋友们依照新闻业的规定做出好的新闻节目。

媒体，尤其是电视，应该有三种功能：提供信息、实施教育、呈递娱乐。为了发挥好这三种功能，企业必须有手段，那就是利润。

因此，盈利不是目的，而是企业实现理想的手段。

2006 年 8 月 4 日，在签署了由 Trans TV 管理 TV 7 的合作协议后，与罗盘报业集团董事局主席雅各布·乌塔玛先生握手。

# 现在印尼的家乐福
# 属于印尼人了

**36**

实际上，我没有想过要接管家乐福。以前，我也从未有专门的计划要购买这家大型零售企业。不过，我始终相信，谋事在人，成事在天，做决定的是伟大的真主。我们没有主动去找过家乐福，是他们找上门来的。他们聘请了咨询公司在印尼寻找合适的战略合作伙伴。随后，列出了20家公司，其中就有我们CT集团公司（当时还称作帕拉集团）。

后来，压缩到10家企业，再后来压缩到5家，直至2家，都有我们。最后，家乐福方面来人找我摸底。我表示愿意正式注册接管家乐福，而不是做"沉默的合作伙伴"。如果要接管，我必须是最大股东。如果能给我百分之百的所有权，那最好了。

我们要有自己的使命和愿景，比如说，能发展中小型企业，能与传统市场合作，能发展与中央政府和地方政府的联系，那行。能与CT集团公司周围的企业协作，也行。如果能这样做，那就干，否则，另请高明吧。

他们来看过之后，确实认为像这样的业务发展模式在印尼很必要。如果不这样做，此零售业将难以为继。他们准备就绪后，我们开始就价格问题进行谈判。过程进行得很快。

整个过程，从谈判开始一直到交易，总共还不到 3 个月。真主有意，一切都好办。在购买过程中，也没有第三方要付费的问题。购买过程中的一系列谈判在印度、法国和印尼进行。也有购买价格的协议是在印尼和法国谈的。签署家乐福的 40% 股票的收购协议在 2010 年 4 月 16 日（星期五）进行。从那时起，印尼家乐福就归印尼人所有了。

感谢真主，为了购买上述家乐福的股票，我从四家银行财团即瑞士信贷、花旗银行、摩根大通、ING，一共借了 3.5 亿美元。我相信这些国际金融机构愿意给予借贷，因为他们信任我，了解我所拥有的跟踪记录和关系。

法国的零售业巨头家乐福从 1998 年起就已进入印尼市场。2010 年，他们拥有 79 家网点，包括 63 家大型卖场和 16 家超市。我购买了其部分股票之后，并没有搞"微服私访"，但是，去家乐福是我的职责。在那里，我不仅与管理人员谈话，也和店员们聊天。我不仅找 CEO 们聊，也和顾客们聊，以便了解全面的信息。为此，我也知道坤甸橙和广柑的价格。

这一切，由于我从基层着手，了解的情况详细而具体，同时也是为了尊重他人。如果我只是找 CEO 们聊，那我怎么可能尊重他们手下或更下层的人呢？我在 CT 集团公司所属的每个企业一直是这样做的。老实说，现在我还不能叫出很多人的姓名，因为 CT 集团公司已经有 7.5 万名员工。但是，我不论去哪儿，包括去各地，我都会努力去对话，以便能知道他们的真实情况。

家乐福是在印尼的最大零售商。其 2011 年的销售额大约在 13.75 万亿卢比，平均每天有 50 万卢比的交易收据。为什么我要购买家乐福？除了其业务外，我也期望通过家乐福能推动国民经济向更好、更健康的方向发展，同时为中小企业打开更大和更广的门路，以便通过互利合作扩大市场。我与中小企业合作的原则是业务上不赔钱而且对国家有好处。

每次做出决策时，总会有一些谣传，我认为这也是很自然的，因为公众能得到的信息有限。有谣言说，家乐福在面对国内竞争和卷入市场垄断的情况下受到指控，让我当挡箭牌。我有我的自尊，可不愿当挡箭牌。

如果只是当挡箭牌，我最多只能得到 10% 的股票，但是如果我持股 40%，那么这谣言明摆着不可信。更何况这本质上就是接管，而不只是"纸上谈兵"，是从国际银行业借钱来买下家乐福。甚至，如果他们愿意 100% 都卖给我，这意味着"家乐福"的名字在印尼消失了，我也会毫不犹豫地买下来。这还有什么问题吗？

## 与中小企业合作

交易过程完成后，2010 年 5 月 31 日星期一，我立即开始实现我与中小企业合作的理想。那时，VIP 帐篷下的空调都无法驱除太阳照射在南雅加达勒巴克布鲁斯区家乐福停车场所带来的酷热。尽管如此，挤在帐篷里的访客们的热情并没有丝毫消减。

那时，印尼统一内阁的部长们、国会议员们以及其他许多官员也都来了。于是有许多警察和安保人员在从勒巴克布鲁斯的交通灯到家乐福周围的区域进进出出。看到如此喧嚣，人们可能会推测这白帐篷里在开什么国家级的协调会议。假如有人偷窥，那么在前排嘉宾席上是正襟危坐的部长们。出席者还有各协会主席、零售商和市场商贩，国会第六委员会的议员们以及一些部级官员。

仪式很简单，就在"人民之角"台子上进行官方宣布，同时在全印尼的家乐福开张"人民市场"。这也是实现微、小、中型企业（UMKM）发展计划的一次活动，只有 140 个市场和 27 家供应商参与。以后，供应商和参与单位有望继续增加到 200、300、400 甚至更多家。有一天会达到 1000 家供应商。没有截止日期，我们还在继续努力。和我们有关的，是一直在家乐福网点一千米左右半径内做买卖的路边摊贩。

"人民市场"的活动定期在停车场举行，"人民之角"则在全印尼家乐福网点内举行。这些活动不只是展示实力，而是确实对许多人的生活需求有广泛的影响。在按社区需求实现网络布局方面，零售业发挥着重要和关键的作用。

家乐福一直在与诸多有关方面进行合作，其中就有印尼青年企业家协会（Hipmi）。2010 年 5 月中，Hipmi 答应在全印尼帮家乐福寻找建立新网点的地方。

"我们在各地有 4 万会员在与家乐福合作，随时为之提供信息，"Hipmi 的总会长埃尔温·阿克萨说，"我们正在向这些会员收集家乐福所需要的资料以及各地区的潜在信息。"简单地说，与 Himpi 的合作主要包括：家乐福帮助微、小、中型企业的发展，而 Hipmi 则帮助家乐福寻找潜在的新地点。

然后，我把家乐福的存在向各业务单位通报以发展协作关系。每家 Trans 影视中心都提供方便的购物设施。在家乐福的有效信用卡都用梅加银行的卡取代。另外，Baskin & Robbins 和 Coffee Bean & Tea Leaf 这两家也要有更多在家乐福店蹲守展示的优先权。

优素福·卡拉先生在还没有当副总统之前就已经是我的朋友，现在仍然联系密切。2010年6月1日，他在出席一项活动纪念苏加诺总统在印度尼西亚国会／人民协商会大厦的讲话时，曾开我的玩笑说："啊，他是家乐福的老板了。以后在家乐福买东西，咱可以打5折了。"

经济统筹部部长哈达·拉加萨先生接过话茬说："七五折就不错了。"

我从年轻时起，头脑中总是回响着印度尼西亚统一共和国中"统一"这个词。我们这个国家已经在政治上实现了统一，但可惜还未能在经济上实现统一。在爪哇，食品价格与印尼东部相比，差异仍然太大。如果价格差距我们都控制不了，那便很难提高人民的生活水平。我决心要改变它，这也是我的理想主义例子之一。

如果印尼的零售网络不是由印尼人自己来控制，那么情况不会很好。因此，家乐福的所有权必须要改造，并使得其分销渠道能给印尼人民带来最大的利益。我要做的，就是使家乐福给占印尼大多数的农民、牧民、商人以及消费者带来福利。

如果印尼的零售网络不是由印尼人自己来控制，那么情况不会很好。因此，家乐福的所有权必须要改造，并使其分销渠道能给印尼人民带来最大的利益。

在正式接管印尼家乐福 40% 的股份后，我与印尼家乐福董事局主席沙菲·沙姆苏丁、两位印尼家乐福专员——亨德罗珀利约诺将军（军方，右）和 S. 比曼托罗将军（警方，左）一起合影。

与爱妻安妮塔·拉特纳萨里一起访问在雅加达勒巴克布鲁斯区的家乐福

2010 年我购买了家乐福 40% 的股份后第二天，到这家零售企业在雅加达勒巴克布鲁斯区的分店访问。

# 把生意和理想主义完美结合起来

本书尚未发行之前，社会上有各种关于我的传闻。"凯鲁·丹绒是什么人？"还有人杜撰出各种问题，甚至谣言。这些情况，是信息不通所致，我也没有机会去否认或承认。如果要应付这些事不知要无谓耗费多少精力。我相信事实早晚会搞清楚的，本书也有望澄清一些事实。

在苏哈托时代，不少人认为我办企业用军队的钱，只是因为鲁迪尼先生（已故将军，1988年至1993年曾任苏哈托政府民政部部长——译者注）是我公司的管理人员，再就是使用帕拉集团的名称，这两件事似乎与军事有关。这给我带来很大困扰。到了瓦希德时代，又有些人声称他知道我是瓦希德的人。

这还没完，到了梅加瓦蒂时代，在一次活动中，我坐在她旁边，她说："啊，你就是凯鲁·丹绒？你把我搞得好苦，好多人来找我要贷款，要工作。"

我问她什么原因。她说："很多人以为你那家银行是我的。"她指的是梅加银行。我说："愿真主赐福您。"

迄今为止，每一笔大交易几乎都会发生我名字被盗用的事，认为我参与了，其实我根本不知道。"这后面肯定有CT集团公司。"人们这么说。

此外，还有人说，我不过是给印尼某个最富有的主炒作钱的人，甚至只是一个傀儡。我直接说出来吧，他就是安东尼·萨利姆（林逢生）。我不理会这些，因为根本就不是真的。我和林逢生彼此都认识。其实在 1997 年中期开始金融危机和 1998 年苏哈托总统下台前，在帕拉集团参与帮助挽救被客户涌入提款的中亚银行（BCA）时，他的三林集团曾欠下我们的情。我不只是与三林集团，也与金光集团、罗盘报业集团以及其他国内外各集团和企业家都有业务往来。

我坚信，我们来到这个世界上只是奉真主的旨意。我无非是尽我最大的努力执行安拉意志的普通一兵。托靠真主，在印尼诸多企业家中，我是在过去的几十年印尼所经历的政治动荡中幸存下来的少数人之一。

我从来不涉足政府的项目，更别说向政府要求特许权或垄断。社会在进步，我们必须摈弃过去的一些想法，认为成功企业家总是与当局合作，肯定是腐败的官商勾结。那个时代已经过去了，情况已经发生改变。在接受记者采访时，我说，这种思维模式是要被否定的。

一个新的时代已经到来。企业和政府之间不再搞权钱交易。我很高兴，最近有很多省长、市长和县长来到我的办公室，谈话的基本调子是："凯鲁先生，我们地区的情况和潜力是这样的，有什么事情我们可以一起做的，请告诉我，我们一定会全力支持。"

在新的时代，政府与企业家的"勾结"或"共谋"，是为了使印尼的经济更发达的"共谋"，是给社会带来显著繁荣的"共谋"。

在各种正式和非正式会议上，我一直强调，这个国家需要社会各界共同努力工作，包括小型和大型私营部门的参与，确保经济持续健康运行，实现经济增长的目标。有了这种合作，我们可以肯定，失业和贫困的程度将降低，社会福利将得到改善。如果我们只是袖手旁观，光指望政府是实现不了这一切的。

感谢真主，到现在为止 CT 集团公司旗下没有一个企业亏本。我一直强调的是，所有的企业领导者必须让其公司盈利。而盈利的目的是为了国家的经济能够继续运作，员工幸福感得到提高，所有的公司可以为国家尽可能多地纳税，用来为人民谋福利。

新的时代，政府与企业家的"勾结"或"共谋"，是为了使印尼的经济更发达的"共谋"，是给社会带来显著繁荣的"共谋"。

# 必须协同合作，
# 否则无法生存

许多人觉得，我办企业的方式就好像一只章鱼，把触手伸到各个领域，要建立一个无所不包的联合企业。实际上，我们办企业只专注于一项业务——消费者领域。

我们有一个原则，我们所涉足的每项业务必须得到该领域专家的支持，而他能够使该项业务成为冠军。

我经常告诉朋友们，如果有哪个领域我们不可能占据领先地位，那么我不会涉足该业务。即便是第二名也不够好。如果连第二名都不可能，那就想都别想。

例如在媒体界，我们有电视业，目前只有两个电视台。这并不是说我们不能够做报纸、杂志、广播或者其他业务，但我认识到这些业务我们很难做到第一，所以不会去涉足这些领域。然而，在数字媒体产业领域，我们已经有一个新闻门户网站 detik.com，未来将发展成数字报和数字杂志，或其他形式。

总之，我所秉持的生意经，是绝不被卷入任何业务，除非在一定的时间内，比如 10 年，我们有潜力能成为冠军。

在生活方式和娱乐界领域，我们专注的是内容，而不是基础设施。例如，在 Trans TV 和 Trans 7，几乎所有的节目都是为了满足观众的需求，由我们自己制作的。

其他同样重要的例子，是梅加公司所属金融业。金融业重要且敏感。事实上，在我们的集团公司里，金融业是支柱之一。因为资金的流动，就像人体内的血液。当体内血少时，肯定表现无力，行动困难。我经常用这个比喻，因为我自己是学医的。CT 集团公司内的每个人正如人体中每个器官，彼此互相关联并整合于同一个系统中，和谐相处，协同工作。

在我所开发的业务中，有一个关键词叫作"协同"。在公司与公司之间的联系和业务合作中，也有"协同"这个词，我们经常能听到、读到，也很容易找到，但是应用起来非常难。

在印尼，我知道不少大企业集团。不仅知道，我还与他们合作。我仔细观察在一些集团内部各单位之间的关系，发现了一个令人惊讶的事实，即每一个下属单位就像独立王国，相互之间不希望也不能够相互合作去做更大的事情。

感谢真主，在 CT 集团公司，"协同"是最重要的精神资本。一个首席执行官的关键绩效指标（KPI）中最大的一个要素，是他在与其他内部各企业单位形成的协同效应中能做出多大贡献。

在很多场合，我总是叮嘱公司所有企业的领导层和员工，绝不要抱怨累了，更不要决定停止。如果你想休息，就等到 2025 年以后。

为什么？2025 年有什么？因为，我们有人口红利，意思是生产性人口比非生产性人口多。到 2025 年，人口老龄化将在印尼开始出现，非生产性人员将比生产性人员多，那些目前从事生产的人已经老龄化。

那时，必须挑起来的担子会变得更重，经济增长速度比起今天来会变缓。请记住，我们只有一个黄金时代，直到 2025 年，所以我们必须继续努力工作。为了这个黄金时代，我禁止 CT 全体员工叫苦喊累，而选择继续努力。

现在 CT 集团公司有 7.5 万多名员工，并预计在未来 5 年内员工总数有望超过 15 万。我希望，其中至少有 1000 人天生就像我。

如果凯鲁能够使用 15 万人，那么 1000 个像我这样的人将能够提供 1.5 亿个就业机会。当这些条件可以实现时，那就是我们需要从外部进口大量劳动力的时候了，因为我们自己的劳动力已经全部被吸收了。那时，贫困率将是非常低的，繁荣和幸福将出现在这个国家。

长久以来，各种讲述成功故事的书籍很容易获得，各种成功案例的研究到处都是，但是，经验是买不到的，需要自己亲自去实践。

政府所能发挥的作用会越来越小，所以不要指望返回到什么都靠政府来管的"新秩序时代"。那个时代已经结束。现在，我们要自己管自己，而不是靠政府，靠别人。

所有的专业人士都应该有创业精神。在CT集团公司的每次内部会议，我总是在谈论这一点。我总是鼓励属下各企业单位的领导更大胆决策，从更广的角度看问题，更密切协同合作，否则就等死吧。

然而，那些本来已经具备创业精神的专才，要想成为一个企业家，只要准备好了，就干吧。重要的是入对了行，成功就好。

以前有很多老人这么说："如果你想当老板，不必读太高的学校，因为在学校和企业的成功之间没有太大关系。那某某人是一个成功的老板，也没怎么上学。"

这是真的吗？学历高低与成功与否有直接关系吗？答案既是"是"又是"非"。学历和成功这两者之间确实没有直接的关系。

我的经验告诉我，未来，科学的力量将越来越成为企业界日益激烈竞争的重要根源。创业之所以重要，是因为它承载着创造能力和拼搏精神。但是，如果它没有足够的科学知识支持，终究是难以存活。科学知识、技能、专业精神这三者的结合，是创业的需要，有了它，才能够在当今的商业舞台上进行竞争。所有这些元素的组合才能够造就一个强大的企业家。也许，一个有创意的人能够在一定程度上，比如至少在中小企业的规模上生存，但一旦他竞争到一个更高的层次，新的显著差异就会出现。

1981年我开始投身于正规企业时，我自己既当老板又当员工，思考、设计和运行自己的企业。

当转变到中小型企业的水平时，我才开始有一些员工。然后，1987年升级到正式企业的时候，我不仅有员工，还可以将一些工作委托给了管理人员。后来公司扩大并转化成一个像现在这样的集团公司，我便成为老板。然后，公司由专业人士负责运行。即便如此，我仍然严格控制着CT集团公司的商业集团连续性，甚至深入到具体细节。

那么，口腔科专业的学问在我这个企业家的生活中起什么作用呢？这实际上是最有用的。当发现企业什么地方不能正常运行，不能成为第一流时，我马上把它拔掉，像拔掉一颗已经损坏的牙齿一样。

在生活方式和娱乐界领域，我们专注的是内容，而不是基础设施。例如，在 Trans TV 和 Trans 7，几乎所有的节目都是为了满足观众的需求，由我们自己制作的。

# 帕拉集团变成 CT 集团公司

**39**

1981 年我在印度尼西亚大学读书时，两头跑路，零打碎敲地赚取复印牙医实习手册的异地差价。从那时开始一直到现在 2012 年，不知不觉中，我在商界摸爬滚打已经 30 多年。

在校园主楼楼梯下开办复印店，随后又成为牙医设备器材供应商；1987 年步入正式商业运作，全能的真主赐予我能力，指明了道路，企业集团从无到有从小到大，成长为涉及各种消费领域的大产业。这一切全仗真主的旨意，为此，在各种场合我总是试图分享和感恩。

从 1987 年开始，我便创立了若干企业，如金属瓦厂、拖鞋厂等。这些公司名称，都含有字母"PA"和"RA"：这就是"帕拉集团"的起源。

此外，起名为"帕拉"是我受军队精神启发有意所为。伞兵部队英文为"Paratroops"，是精锐的部队，知识渊博，技艺超凡，在任何时候、任何地点、任何条件下都能投入战斗。这反映了我的期望，即帕拉集团的每个人都拥有这样的精神。

励志演说家、我的朋友马里奥·德古，那时在国有银行担任市场营销高级副总裁。他一直都是艺术家和设计专家。我请他帮忙设计帕拉集团的标志。

帕拉集团随后迅速发展，催生了一些新的公司。此外，还建立了从事金融业的公司，如帕拉多种金融有限公司。

30 年，是时候应该对集团进行重组、换标志和改名称了。帕拉集团已经不仅在印尼发展，而且在国外也已经有很多员工和合作伙伴。"Para"这个单词，一些外国人也很难发音。

随着业务的发展，各种大众媒体对帕拉集团旗下各种业务的报道也日益突出。虽然我个人并不太喜欢被报道，然而，"凯鲁·丹绒"的名称我很少听到，我更多地被称为"CT 先生"或"CT"而已。为此，我想，为什么不用自己的简化名来代替"Para"呢？理由很简单，直截了当，容易发音。此外，为了更符合国际标准，我有意选择"Corporation"表示公司，但可惜在印尼不允许使用外来语来作为国家公司的名字。最后我把"Corporation"这个词"印尼化"，变成 Corpora，于是集团公司叫作"CT Corpora"，或简化为"CT Corp"。

标志也改为"飞侠"，是特请世界著名设计专家朗涛设计事务所设计的。新的标志是个在飞翔的人，表达了我们实施变革和实现远大理想的抱负。该标志还表达了印尼在朝着美好的方向前进，实现印尼人民自己的希望、梦想和抱负。这也反映了我们帮助国家和人民的根深蒂固的职业意识。

集团公司更名和改标志的仪式于 2011 年 12 月 1 日举行。午餐时，知名企业家、政府高级官员、内阁部长、国有企业领导、外国驻印尼大使、各大众媒体所有者和主编会聚一堂。

在活动中，印尼共和国人民协商会主席陶菲克·基马斯开玩笑说："当了 30 多年的企业家，这是凯鲁第一次敢用自己的名字（CT 集团公司）。"

专业集团党总主席、大老板阿布里扎尔·巴克利，我习惯叫他"伊扎尔兄"，也问了类似的问题："鲁，如果你已经做了 30 年的企业家，那就是说你 6 岁就已经开始了，对吗？"

"嗯，我老了，伊扎尔兄。我在印大上一年级时开始创业。"我愉快地回答伊扎尔兄。

共进午餐活动的气氛很温馨和融洽，因为举办这项活动的目的不仅是庆祝帕拉集团的标志和名称变成 CT 集团公司，而且也是为了要步调一致地实现更好、更先进和更繁荣的印度尼西亚。因此，我特意安排部长和政府官员不坐在同一桌，而是分别与私营老板、国有企业的领导人以及代表外国直接投资的大使们在一起。我这样安排是为了提高"印度尼西亚一体化"的新意识。

CT 集团公司这个新名字，不只是为了外国人容易发音，更重要的是，名称和标志的这种变化，给我们带来了新的精神面貌——通过改革创造更美好的印度尼西亚。在午餐时间，我也要求来宾们祷告给予支持。"我们希望你们祝福，使我们下一步可以取得更出色的成果，为了我们所热爱的民族和国家。"

一般地说，CT 集团公司由三个控股子公司组成，即梅加公司、Trans 公司和CT 环球资源。梅加公司是在银行、保险、融资和资本市场等领域为大众服务的金融服务业的母公司。而 Trans 公司是从事媒体业务、生活方式和娱乐的母公司。此公司拥有两家电视台，Trans TV 和 Trans 7，新闻门户网站 detik.com，以及一家零售企业家乐福。此外，也有从事饮食、酒店、旅行社，以及服务于社会对时尚知名和高端品牌需求的多家百货商场。CT 环球资源是主要从事种植业的母公司。

在活动中，印尼共和国人民协商会主席陶菲克·基马斯开玩笑说："当了 30 多年的企业家，这是凯鲁第一次敢用自己的名字（CT 集团公司）。"

DENGAN RAHMAT TUHAN YANG MAHA ESA
PARA △ GROUP
BUILDING
DIRESMIKAN
PADA TANGGAL 8 PEBRUARI 1993
OLEH
DIREKTUR UTAMA BANK EKSPOR IMPOR INDONESIA

SALAHUDDIN N KAOY

在雅加达城区帕拉集团总部大楼落成典礼上，印尼进出口银行首席执行官萨拉胡丁·尼亚克·考伊在牌匾上签名。

在雅加达城区的帕拉集团总部第一座大楼

2011 年 12 月 1 日在梅加银行塔楼上举行帕拉集团更名和改标志成为 CT 集团公司仪式后，午餐会上与印尼人民协商会主席陶菲克·基马斯、统筹经济部部长哈达·拉加萨、专业集团党总主席阿布里扎尔·巴克利、前副总统特利·苏德里斯诺、雅加达特区省长法乌吉·博沃、《罗盘报》总负责人雅各布·乌塔玛等在一起。

# 结语
# 现在的成就是过去的积累

任何成功都是来之不易的。没有勤奋、坚韧、毅力、纪律，便不会有成功。还应当加上不服输、不放弃的态度。任何人，只有继续学习，刻苦努力，理想和抱负才有可能实现。

如果没有经过艰苦的努力，摸索着走过多少蜿蜒曲折荆棘丛生的路，我是不会成功的。感谢真主总是给我指明方向，使我开创的各种企业硕果累累。

读小学和初中时，如果不是祖母把我送进纪律严明的雅加达凡利斯荷兰学校，也许我不会是现在这样。在此天主教学校，我第一次学到生意、诚实、纪律和责任。小学时，我已经学会了创业：卖曼波冰、花生和各种点心。这似乎微不足道，只是卖点零食，但我必须诚实地计算并对卖给老师的零食负责任，这对于小孩来说是很重要的锻炼。从那时起，我便开始认识钱的价值和经济原理。

在校外，由于家境差，我总受到艰难生活的磨炼。在贫穷的家境中，我当属于少数早熟的孩子。可以想象我在幼年时期是怎样帮助家庭挑起经济的重担。为了家里厨房还能冒热气，我不得不这样做。

童年艰苦的家庭生活条件造就了我的性格。但如果父母不坚持送孩子上学，也许我和我的弟弟妹妹们仍然生活在雅加达的贫民区，仍旧像我在雅加达巴杜杜利斯区阿布巷的邻居们一样陷入贫穷的怪圈而不能自拔。

根据生活的经验，我坚信，教育是摆脱贫困的主要途径。只要有人活在这个世上，这个社会问题将永远不会结束，所以我们必须投入全部的资源和力量努力解决教育问题。

现在，我能够摆脱贫困，被赐予较好的福分，我必须把我的思维方式分享给他人，并留出我的一些福分，给这个国家的聪明的穷人，使他们得到合适的教育，比他们的父母能生活得更好。

我不抱怨自己童年时遭受苦难，相反，我觉得我从中确实学到了很多东西。我希望我们在印尼的子孙后代不要再经历我们童年时的生活。尽管我的家庭生活水平下降是由于我父亲的意识形态与"新秩序"政权相左而被当局蓄意断了生计，我也并不怨恨当时的政权。

从父母的生活经历我还学到了一点智慧，意识形态的斗争大可不必像我的父辈，包括我父亲阿卜杜勒·加法尔·丹绒那样，你死我活。现在，应该更现实和更睿智地对待人生。

我很小的时候便已经十分了解钱的意义和价值。我在布迪乌托莫高中时的朋友可能永远都不会忘记那情景：在巴刹斯年市场购买去茂物野外实习用的粗绳时，我努力坚持还价到最低限度，然后，用省出来的钱和同学们一起去"凉爽天地"享受"上海冰"。当时上海冰对我来说还是奢侈品，就相当于现在贫困家庭的高中生在著名的婆罗浮屠酒店买牛尾汤。

如果我们非常努力、顽强和认真地做任何事情，真主保佑我们一定可以达到目的，实现所有的愿望和理想，而这时获得的快乐是真正发自内心的快乐。我的人生历程证明了这一点。

如果妈妈没有典当她的精细面料资助我在印大口腔医学院的入学学费，我也不一定能够成为一个像现在这样成功的企业家。当我决定不再跟父母要钱，必须靠自己支付印大的学费时，我就必须动脑筋并努力工作，使我做的事能赚到钱。从那时起，我总是会优化自己的所有能力，调动一切可用的能量来维持家庭的经济。我不会把时间耗费在无益的活动上。自从我在印大上学，动脑筋和奋力拼搏已经成为家常便饭，尽管那时我所做的生意还是很不正规的零碎活儿。

感谢真主，我从小就被赋予很容易与人相处的性格。我利用自己这些优点，加强友谊和业务网络，使我奋斗的目标得以实现。如果有能力帮助朋友，让他们高兴，那就是十分令人满意的事情。

我相信凡利斯初中的同届同学不会忘记去日惹学习考察时，我安排好大家的交通而自己反而没跟他们一起去，是因为我没有足够的钱。虽然我心里很难过，但当时我不想被朋友们看到，更不愿意让他们扫兴。

在通常情况下，穷人的孩子与富人的孩子交往时会感到自卑。我恰恰相反。正是因为穷，我要尽量与来自不同家庭背景的人交往。初中与班邦·哈尔达万交朋友时，我才近距离地了解到富有人家的生活。此时，在我的潜意识里有些许不安，我暗下决心，有一天我得像他们一样。要成为富人，但要与同胞们共享，并始终感谢真主。

考上印大口腔医学院是我生活历程中的里程碑。事实上，刚入学第一年，我便领导了反对军事进入校园的学生运动，因为当时新秩序政权的统治者要由有军方背景的努格罗霍·诺托苏桑托代替马哈尔·马尔佐诺教授担任印大校长。正如通常的学生活跃分子那样，我在印大也被看作是为校园讲坛的自由而战的激进派。

我不仅是活跃分子，除了听课读书外，我也在校园做生意，还举办一系列社会活动。这并不容易，首先要专注于学习，这是学生的主要任务，但同时又必须挣钱，为了生活和生存。

然后，为了扩大网络和积累经验，我还积极参与社会公益活动。在西苏门答腊做社会工作时，我结识了西苏门答腊省省长阿兹瓦尔·阿纳斯。只有在我那个时代，印大口腔医学院曾组织过涵盖一个省的大型社会公益活动。

在同一时间既要开展社会活动，又要专注于听课学习，还要做生意，谈何容易。感谢真主，我的所有活动，无论是学习、商务，还是其他学生活动，都可以同时成功完成。不仅如此，我甚至还成为全国模范生。所有这一切都需要高度集中精神和不懈的努力。如果我做这一切都是在正常工作时间和平常人一样，不可能产生最好的效果。所以，我每天从早晨做到凌晨时分，没有一天休息。

我能这么做，与我在初中和高中时期向严先生·达尔约诺学习表演艺术的经历是分不开的。我学表演艺术不只是学习肢体语言技术或发声的技巧，还学习最广泛的意义上的生活和人生的价值，学习诚实，以及如何理解我们周围的环境和关心同胞。

后来，我遇到了阿迪·萨索诺先生，新秩序时代非政府组织领导者和批判政府的人物。阿迪先生认为，接近权力的极少数人或小集团掌握资产是十分危险的，这与我想法很一致。因此，许多人认为阿迪·萨索诺先生是无产阶级社会主义者，他也成了我经常一起讨论问题的好朋友。

在目前情况下，企业家积累了的资产，应该继续予以资本化，作为生产性资产，从而广泛而均匀地分配到社会，在各行各业创造新的就业机会。以此经验和想法，迄今为止，我已经习惯了用结构化和系统化的方法努力工作到极限。这样做没有别的，就是为了帮助实现更好的印度尼西亚。我非常有信心，相信印尼将成为一个发达而伟大的国家，人民过上繁荣幸福的生活。为此，我不想让印尼的潜力和机会浪费掉。

我不论以什么身份和在什么地方，都会努力超越极限。如果我们想获得与众不同的成就，那么我们也必须做得非常好。如果以前我没有经过严格训练，也不可能像现在这样。

在我 50 年的人生历程中，我觉得最宝贵的经验是总有"争取更好"的抱负。今天应该比昨天好，明天比今天更好。毫无疑问，只要有坚定的决心和不懈的努力，抱负是可以实现的。尽管我来自贫穷的家庭，生长在雅加达破旧的棚户区，这些过去的经历并不能成为我争取成功的绊脚石。每个人都有实现远大抱负，争取成功，改变自己命运的权利。苏加诺总统说过："把你的抱负高挂在天上。"

我希望我的人生历程能鼓舞和激励年轻人，使印尼的国家和人民可以更快速地发展和繁荣。阿门。

在我 50 年的人生历程中，我觉得最宝贵的经验是总有"争取更好"的抱负。

今天应该比昨天好，明天比今天更好。

# 为什么要写凯鲁·丹绒

当凯鲁·丹绒先生请我帮忙写关于他的人生历程时，说实话我十分高兴，但同时又觉得有些惶恐，到底我能不能把这本书写好，受到读者的青睐，我没有把握。更何况此前我不曾写过传记类的书，因为我更热衷于《罗盘报》记者的日常工作。

于是我问凯鲁："让我来写您的传记？有没有搞错？还有其他那么多比我写书有经验的名作家呢。""我觉得你合适……你更了解我。"凯鲁语调轻松。

我1995年就结识了凯鲁，那时我还是现场记者，被派往财政部采访报道，还和部长一起去外地出差，所以经常能见到财政部部长马利·穆罕默德和凯鲁。

后来印尼受到全球金融危机的重创，并引发1998年的本国政治和经济危机，许多企业家破产，不少本国银行都倒闭了，但凯鲁不但扛住了，而且他在1996年并购的梅加银行还获得了显著的效益。

在这期间，尤其是在梅加银行举办旨在帮助当时难以获得基本商品的老百姓的"印尼分享计划"时，我经常与凯鲁见面讨论问题。有一次我跟他在雅加达印尼开发银行大厦内帕拉集团的办公室聊天，凯鲁曾谈及他作为一个企业家，完全不靠政府的扶持，从零起点开创事业的艰难困苦和跌宕起伏。

听了这故事，坦率地说我相当恐惧和惊讶，因为他不是一般人，能够靠自己的努力奋战，穿越各种障碍，成为一名成功的企业家，而当时，还有很多人还不了解，甚至怀疑凯鲁的能力。这种情况可以这么理解：在"新秩序时代"，企业家的成功一般都是由于有当局给予方便和保护。

当年经济危机爆发后，我曾建议凯鲁把他的经历与他人分享，尤其是年轻一代，使他们能得到启发。凯鲁说，等他 40 岁后会出一本传记，他计划到那时就从商界退休，并将重点放在慈善事业、社会活动方面。

正所谓谋事在人，成事在天。凯鲁·丹绒的传记是在他 50 岁之后写成的。此时，凯鲁并没有离开商界，尤其是他所领导的企业仍然需要他。看样子即使在未来 10 年，他也还将致力于商界。

很长一段时间没有见到凯鲁了，我以为他已经忘了我。然而，从凯鲁同办公室的同事那里我了解到，他经常过问我在《罗盘报》的情况。凯鲁就是这样，永远记得老朋友。不只是我，凯鲁对很多朋友都是这样。这就是他的过人之处，能够以灵活的方式与很多人相处，可以与各种不同背景的"圈子"建立良好的关系。

最后，在 2010 年，我鼓起勇气开始写"一介布衣"从白手起家攀升至大型集团公司老板的人生故事。当然是在凯鲁本人的直接指导下，用凯鲁所喜欢的语言风格，也就是作家拉马丹哈吉（已故）的风格。因此，本书的语言风格尽可能做到规范、叙述性和谦恭。

写这本传记的方法，不仅通过直接采访凯鲁，我还事先进行过调研，比如到他童年居住过的地方——雅加达市中心佩泽农岸区巴杜杜利斯街阿布巷过去的贫民区等。

另外，我还采访了一些凯鲁在初中、高中和在印大口腔医学院的同学好友，一些经济观察家以及其他知情者。我也不只是写，而是试图在"一介布衣"的人生历程故事中得到其精髓。通过这样做，我也从凯鲁的曲折人生历程学到很多。不仅如此，在写这本传记的过程中，我觉得自己是在与凯鲁一起，用他的竭尽全力的方式在工作，直到以最佳的成果完成任务。

凯鲁一直在鼓励我争取最佳效果，逐字逐句地斟酌，仔细地安排照片及本书中其他一些细节问题。这些都离不开凯鲁的指导。我的妻子诺维雅娜·赫拉瓦蒂和两个心爱的孩子贾思敏·阿玛莉亚·达玛阳蒂和基加·法贾·乌塔玛也给了我精神上的支持。我要感谢伊努·费比亚那，一个爱骑自行车的朋友，帮助我整理采访的部分文字。我还要感谢《罗盘报》的主编里卡德·巴昆和《罗盘报》编辑部的朋友们给了我机会，让我能够每天上班时间在办公室写这本书。

查哈雅·古纳万·蒂勒贾

2012 年 6 月于雅加达

照片中的回忆

荣获 2009 年亚太地区创业奖

从 Mark Plus 公司董事长赫尔马万·卡尔达查雅手里接过最佳营销商奖杯

2010 年出席多巴湖节活动时接受巴达族的布巾

在雅加达史纳延体育馆的 "Para Merdeka" 仪式上荣获印尼纪录博物馆奖

2011 年 11 月在东亚峰会上与苏西洛总统在一起。参加峰会的有各国领导人包括
美国总统奥巴马。

我作为国家经济委员会主席，与新西兰总理约翰·基在梅加银行塔楼会谈。

2011 年 11 月在巴厘岛努沙杜瓦，向苏西洛总统汇报东亚峰会的筹备情况。在场的还有副总统布迪约诺、经济统筹部部长哈达·拉加萨及许多内阁部长。

在出席瑞士达沃斯世界经济论坛间隙与苏西洛总统和夫人以及诸多部长们合影

我在梅加银行塔楼向新加坡资政李光耀赠送纪念品

我与爱妻安妮塔·拉特纳萨里在梅加银行塔楼欢迎新加坡资政李光耀

随苏西洛总统及部长们访问中国时与胡锦涛主席握手

随苏西洛总统访问韩国时与李明博总统握手

我和北苏拉威西省省长 S.H. 萨伦达章一起签署与该省苏鲁特银行的战略合作伙伴
协议

2009 年 Trans 公司工作会议上，与印尼房地产商、慈善家芝布特拉（客家姓名拼音：
Tjie Tjin Hoan——译者注）在一起。

在茂物宫与总统梅加瓦蒂、外交部部长哈桑·维拉尤达一起出席"两国（印尼和马来西亚）独立音乐会"

与世界合唱比赛冠军巴布亚合唱团在一起

在国家肾脏日作为印度尼西亚肾脏基金会会长启动肾脏医疗检查活动

主持万隆 Trans 影视中心集成区封顶仪式

在望加锡 Trans 影视中心试验一种娱乐项目

在印尼独立日庆祝活动开幕式上作动员讲话

在美国全国广播公司与热播剧《超能英雄》的演员阵容合影

与 J.P. 摩根首席执行官杰米·戴蒙在一起

与美林证券首席执行官约翰·赛恩在一起

与渣打银行集团首席执行官冼博德在一起

与美国克林顿总统时期的财长罗伯特·爱德华·鲁宾在一起

与花旗银行首席执行官潘伟迪在一起

在五人足球比赛中参加员工队并充当门将

陪伴妻子、CT 基金会主席安妮塔出席向 Muawanah 伊斯兰教社会基金会赠送营运车和灵车的仪式。图为安妮塔向奥马尔·谢哈布教授移交车辆。

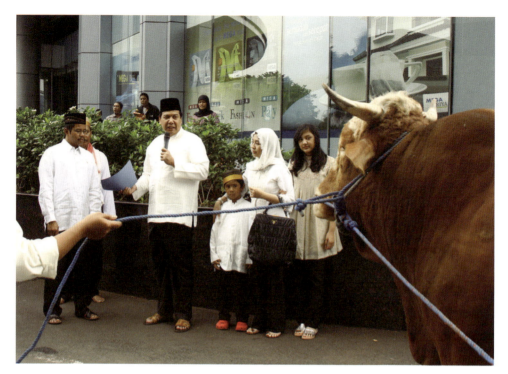

每年宰牲节捐赠牺牲动物

第二次朝觐时与安瓦尔·纳苏蒂安教授及利亚阿斯·拉希德教授合影

# 中外文名词对照表

| | |
|---|---|
| 《必须能够》 Harus Bisa | 《爪哇剧》 Opera Van Java (OVJ) |
| 《不是四只眼》 Bukan Empat Mata | CT 环球资源 CT Global Resources |
| 《罗盘报》 Kompas | J.B. 苏马尔林 J.B. Sumarlin |
| 《梅加的祝福》 Mega Shalawat | S.H. 萨伦达章 S. H. Sarundajang |
| 《启示》 Bongkaran | S. 比曼托罗 S. Bimantoro |
| 《先知的祝福》 Shalawat Nabi | Trans 影视中心 Trans Studio |
| 《诱惑》 Digoda | |

## A

| | |
|---|---|
| 阿巴里·苏卡纳尔 Arbali Sukanal | 阿兹瓦尔·阿纳斯 Azwar Anas |
| 阿卜杜勒·阿齐兹 Abdul Azis | 阿宗 Acong |
| 阿卜杜勒·加法尔·丹绒<br>Abdul Gafar Tanjung | 埃彼特·阿德 Ebiet G. Ade |
| 阿布里扎尔·巴克利 Aburizal Bakrie | 埃德温·卡韦拉郎 Edwin Kawilarang |
| 阿布巷 Gang Abu | 埃尔温·阿克萨 Erwin Aksa |
| 阿德·赫尔曼 Ade Herman | 埃迪·昆塔迪 Eddy Kuntadi |
| 阿德·拉赫曼 Ade Rahman | 埃米尔·萨利姆 Emil Salim |
| 阿尔达雅迪 Ardhayati | 埃特纳·吉亚特纳 Etna Giatna |
| 阿尔丹 S.M. Ardan | 艾查 Eca |
| 阿古姆·古默拉尔 Agum Gumelar | 艾多·康多罗吉 Edo Kondologit |
| 阿古斯·穆利安多 Agus Mulyanto | 艾尔温·古塔瓦 Erwin Gutawa |
| 阿克巴尔·丹绒 Akbar Tandjung | 艾芬迪·孙 Efendi Soen |
| 阿克萨·马哈茂德 Aksa Mahmud, | 艾哈迈德·费里兹各·伊万<br>Achmad Ferizco Irwan |
| 阿里·萨哈卜 Ali Sahab | 安达卢西亚清真寺 Masjid Andalusia |
| 阿里·沙迪京 Ali Sadikin | 安东尼·萨利姆（林逢生）<br>Anthony Salim |
| 阿里·瓦尔达纳 AIi Wardhana | 安吉托·阿比曼友 Anggito Abimanyu |
| 阿里斯·穆里约诺 Aris Mulyono | 安妮塔·拉特纳萨里 Anita Ratnasari |
| 阿里扎 Ariza | 安托 Anto |
| 阿林 Alin | 安瓦尔·纳苏蒂安 Anwar Nasution |

| | |
|---|---|
| 阿齐兹·侯赛因 Azis Husein | 安瓦尔·易卜拉欣 Anwar Ibrahim |
| 阿斯特拉国际 PT Astra | 安佐尔 Ancol |
| 阿特玛查雅大学 Universitas Atma Jaya | 奥马尔·谢哈布教授 Prof. Dr. Umar Shihab |
| 阿希什·萨布 Ashish Saboo | 奥奇·赫尔蒂安 Oki Hertian |
| 阿雅杜塔酒店 Hotel Aryaduta | |

## B

| | |
|---|---|
| 巴达维 Batawi | 贝本 Beben |
| 巴杜杜利斯 Batutulis | 贝劳 Belau |
| 巴哈奴丁·阿卜杜拉 Burhanudin Abdullah | 贝尼·苏里亚 Beni Surya |
| 巴刹巴鲁（市场）Pasar Baru | 本尼 Benny |
| 巴刹斯年（市场）Pasar Senen | 崩克尔 Bengkel |
| 巴斯利扎尔 Basrizal | 比曼塔拉唐卡斯 Bimantara Tangkas |
| 班邦 Bambang | 比曼塔拉集团 Grup Bimantara |
| 班邦·布罗佐内格罗 Bambang Brodjonegoro | 彼得·贡塔 Peter F. Gontha |
| 班邦·哈尔达万 Bambang Hartawan | 波伊·M. 巴赫蒂亚尔 Boy M. Bachtiar |
| 班邦·拉赫马迪 Bambang Rahmadi | 伯恩丹·维纳尔诺 Bondan Winarno |
| 班邦·特里 Bambang Tri | 勃拉维查雅大街 Jalan Brawijaya |
| 班嘉隆干 Pangalengan | 布迪·罗查迪 Budi Rochadi |
| 班贾尔 Banjar | 布迪·穆里亚 Budi Mulya |
| 班尼·维扎克索诺 Benny Wicaksono | 布迪·西亚哈安 Budi Siahaan |
| 邦戈 Bango | 布迪乌托莫 Boedi Oetomo（Boedoet） |
| 邦戈路 Jalan Bango | 布迪约诺 Boediono |
| 鲍勃·格尔道夫 Bob Geldof | 布拉门第托 Bramundito |

## C

| | |
|---|---|
| 查比·哈基姆 Chappy Hakim | 查雅迪曼·加托特 Jayadiman Gatot |
| 查哈雅·古纳万·蒂勒贾 Tjahja Gunawan Diredja | 陈甲亮 Candra Wijaya |
| 查雅·苏帕拉纳 Jaya Suprana | |

## D

| | |
|---|---|
| 达尔马拉大楼 Gedung Dharmala | 德威 Dewi |
| 达旺姆·拉哈佐 Dawam Rahardjo | 德维·安妮塔 Devi Anita |
| 达伍德·约瑟夫 Daoed Joesoef | 塔那阿邦第二区 Tanah Abang II |

| | |
|---|---|
| 打横市 Tasikmalaya | 蒂蒂 Titi |
| 大雅加达地区 Jabodetabek | 蒂杜 Titut |
| 塔那阿邦 Tanah Abang | 杜杜 Tutut |
| 德波 Depok | 杜斯·努萨古苏玛 Tus Nusakusuma |
| 德里沙登 Deli Serdang | 多尼·奥斯卡利亚 Dony Oskaria |

## F

| | |
|---|---|
| 法乌吉·博沃 Fauzi Bowo | 费布里安夏 Febriansyah |
| 凡利斯 Van Lith | 费尔蒙 Firmon |
| 范尼·哈比比 Fanni Habibie | 费萨尔·加扎里·阿布巴卡尔 Feisal Ghazali Abubakar |
| 费博里·苏波诺 Febri Subono | 弗阿德·巴瓦吉尔 Fuad Bawazier |

## G

| | |
|---|---|
| 加多加多 gado-gado | 古兰经113章《曙光》 Al-Falaq |
| 甘比尔 Gambir | 功·塔帕朗西 Con Dambaransi |
| 甘登·威托诺 Ganden Witono | 古姆哈尔·扎米尔 Kumhal Djamil |
| 甘扎尔 Ganjar | 古纳兰 Punch Gunalan |
| 格德山 Gunung Gede | 古纳银行 Bank Guna |
| 格罗戈 Grogol | 古农萨哈里 Gunung Sahari |

## H

| | |
|---|---|
| 哈达·拉加萨 Hatta Rajasa | 赫尔马万·卡尔达查雅 Hermawan Kartajaya |
| 哈迪·维达阳提 Hadi Widayanti | 赫里·阿克马迪 Heri Akhmadi |
| 哈尔迪 Hardi | 亨德利·邦昆 Hendry CH Bangun |
| 哈利玛 Halimah | 亨德罗珀利约诺 Hendropriyono |
| 哈利姆 Halim Haryanto | 侯赛因 Husein |
| 哈林（机场） Halim Perdanakusuma | 黄综翰 Wong Choonghann |
| 汉多科 Handoko | |

## J

| | |
|---|---|
| 基加·法贾·乌塔玛 Giga Fajar Utama | 贾果拉威 Jagorawi |
| 吉南扎尔·卡尔塔萨斯米塔 Ginandjar Kartasasmita | 贾思敏·阿玛莉亚·达玛阳蒂 Jasmine Amalia Damayanti |
| 集克·蒂提洛街 Jalan Cik Ditiro | 杰米·戴蒙 Jamie Dimon |
| 纪明发 Christian Hadinata | 金达诺 Gindarno |

| | |
|---|---|
| 加隆贡火山 Gunung Galunggung | 金光集团 Grup Sinar Mas |
| 加尼 Gani | 进出口银行 Bank Exim |
| 加札马达 Gadjah Mada | |

## K

| | |
|---|---|
| 喀琅安雅尔 Karang Anyar | 凯末尔·S. 加尼 Kemal S. Gani |
| 卡布 Kapuk | 科德拉迪 Kodradi |
| 卡蒂雅 Khadijah | 科萨银行 Bank Kosa |
| 卡尔曼银行 Bank Karman | 科特蓬街 Jalan Ketepong |
| 卡尔提卡钱德拉酒店 Hotel Kartika Chandra | 克拉玛特街 Jalan Kramat |
| 卡利巴达 Kalibata | 克拉玛特拉亚 Kramat Raya |
| 卡普克·穆阿拉 Kapuk Muara | 克里斯蒂安托·威比索诺 Christianto Wibisono |
| 凯拉·丹绒 Chairal Tanjung | 克芒 Kemang |
| 凯莉·丹绒 Chairil Tanjung | 克文克拉帕 Kebon Kelapa |
| 凯里尔·安瓦尔 Chairil Anwar | 克文哲鲁克 Kebon Jeruk |

## L

| | |
|---|---|
| 拉登·帕尔德德 Raden Pardede | 凉爽天地 Kolong Sejuk |
| 拉赫马特·德威普特拉 Rahmat Dwiputra | 廖·克里斯蒂 Leo Kristi |
| 拉瓦曼根 Rawamangun | 列克希·迈纳基 Rexy Mainaky |
| 朗涛设计事务所 Landor Associates | 卢比斯 Lubis |
| 乐色汉 lesehan | 卢克曼·哈基姆 Lukman Hakim |
| 勒巴克布鲁斯 Lebak Bulus | 卢克蒙托 Rukmonto |
| 勒姆汉纳斯 Lemhannas | 卢特菲·哈米德 Lutfi Hamid |
| 雷特诺 Retno | 鲁迪尼 Rudini |
| 李传成 Lee Tsuen Seng | 罗伯特·爱德华·鲁宾 Robert E. Rubin |
| 里卡德·巴昆 Rikard Bagun | 罗盘报业集团 Kompas Gramedia |
| 里奇·苏巴吉亚 Ricky Subagja | 罗斯林 Roslin Hashim |
| 利亚阿斯·拉希德 M. Ryaas Rasyid | |

## M

| | |
|---|---|
| 马尔达尼拉雅街 Jalan Mardani Raya | 门腾 Menteng |
| 马尔哈恩 Marhaen | 米尔扎 Mirza |
| 马哈尔·马尔佐诺 Mahar Mardjono | 密镇 Mijen |
| 马尔塔巴克 martabak | 绵·S. 乌诺女士 Ibu Mien S. Uno |

| | |
|---|---|
| 马勒夫·迈纳基 Marlev Mainaky | 梅加银行 Mega Bank |
| 马利·穆罕默德 Mar'ie Muhammad | 民族纪念碑 Monas |
| 马利克·法查尔 Malik Fadjar | 民族使者学校 Sekolah Duta Bangsa |
| 马伦达 Marunda | 明古鲁 Bengkulu |
| 马米艾克 Mamiek | 铭登 Menteng |
| 马穆朱 Mamuju | 莫伦 Molen |
| 马腰兰 Kemayoran | 莫囊·巴克巴汉 Monang Pakpahan |
| 阿迪·萨索诺 Adi Sasono | 穆阿玛拉特 Muamalat |
| 严·达尔约诺 Yan Daryono | 穆尔约托 Mulyoto |
| 马尤丁 Mahyudin | 穆海民·依斯干达 Muhaimin Iskandar |
| 马祖基 Marjuki | 穆罕默德·阿比德·阿尔贾比里 Mohammed Abed Al Jabri |
| 迈达尼儿童之家 Rumah Anak Madani | 穆罕默德·胡斯尼·坦林 Mohammad Husni Thamrin |
| 迈克尔·鲁斯林 Michael D. Ruslim | 穆罕默德·努哈 Muhammad Nuh |
| 迈克尔·詹 Michael Chiam | 穆罕默德·萨德里 Mohammad Sadli |
| 曼迪利银行 Bank Mandiri | 穆罕默德·沙菲仪·安东尼奥 Muhammad Syafii Antonio |
| 曼集克 Mancik | 穆利奥·汉多约 Mulyo Handoyo |
| 芒加拉·瓦纳·巴克蒂 Manggala Wana Bakti | 穆利雅史纳延酒店 Hotel Mulia Senayan |
| 梅加公司 Mega Corp | 穆森诺 Museno |
| 梅加伊斯兰银行 Bank Mega Syariah | 穆斯托坡大学 Universitas Moestopo |

## N

| | |
|---|---|
| 内尼·苏马威纳塔 Neny Soemawinata | 努科利什·马吉德 Nucholish Madjid |
| 内诺·瓦里斯曼 Neno Warisman | 努沙杜瓦 Nusa Dua |
| 努格罗霍·诺托苏桑托 Nugroho Notosusanto | 诺维雅娜·赫拉瓦蒂 Noviana R. Herawati |

## P

| | |
|---|---|
| 帕蒂威·苏达尔莫诺 Pratiwi Sudarmono | 蓬古尔勿刹 Bungur Besar |
| 帕拉集团 Para Group | 皮亚·阿里斯查巴纳 Pia Alisjahbana |
| 帕里亚曼 Pariaman | 普恩扎克 Puncak |
| 帕斯帕姆雷斯 Paspamres | 普尔博瓦提 Purbowati |
| 潘伟迪 Vikram Pandit | 普兰 Pulan |
| 旁格朗戈山 Gunung Pangrango | 普利塔 Prita |

| | |
|---|---|
| 佩里塔 Prita | 普特丽·英达莎丽 Putri Indahsari |
| 佩泽农岸 Pecenongan | 普瓦加达 Purwakarta |
| 朋多克英达 Pondok Indah | |

## Q

| |
|---|
| 钱德拉 Chandra |

## R

| | |
|---|---|
| 然廷萨瓦勿刹 Ranting Sawah Besar | 仁达 Rendra |

## S

| | |
|---|---|
| 萨尔卡威 Sarkawi | 苏邦 Subang |
| 萨拉胡丁·尼亚克·考伊 Salahuddin Nyak Kaoy | 苏迪约索 Sutiyoso |
| 萨利赫·阿菲弗 Saleh Afiff | 苏哈曼 Suhaman |
| 萨斯达 Sasda | 苏加武眉 Sukabumi |
| 萨瓦勿刹 Sawah Besar | 苏里奥·普拉博沃 Suryo Prabow |
| 塞比勒 Sabil | 苏里亚 Surya |
| 赛里曼·法勒西 Salman al-Farisi | 苏里亚迪 Suryadi |
| 三林集团 Grup Salim | 苏鲁特银行 Bank Sulut |
| 桑塔·乌尔苏拉 Santa Ursula | 苏马林 J.B. Sumarlin |
| 桑提卡酒店 Hotel Santika | 苏木当 Sumedang |
| 沙菲·沙姆苏丁 Shafie Shamsuddin | 苏纳迪 Sunardi |
| 善苏·阿里芬 Syamsul Arifin | 苏如迪 Sujudi |
| 商业银行大厦 Gedung Bank Niaga | 苏桑托·芒昆萨季托 Soesanto Mangoensadjito |
| 实武牙 Sibolga | 苏斯瓦蒂·翰达亚妮 Suswati Handayani |
| 史纳延体育馆 Istora Senayan | 苏托莫 Soetomo |
| 斯里皮查雅 Slipi Jaya | 苏瓦哈希尔·那扎拉 Suahasil Nazara |
| 斯年 Senen | 苏西 Susi Pudjiastuti |
| 斯年拉雅街 Jalan Senen Raya | 苏西航空公司 Susi Air |
| 斯普尔巷 Gang Sepur | 苏亚迪 Suyadi |
| 苏巴吉奥 Subagyo | 索洛克 Solok |

## T

| | |
|---|---|
| 塔姆林街 Jalan Thamrin | 特里斯妮·鲁斯林 Trisni Ruslim |
| 塔兹起亚 Tazkia | 特利·苏德里斯诺 Try Sutrisno |
| 塔兹起亚咨询公司 Tazkia Consulting | 腾德安街 Jalan Tendean |
| 泰迪·拉赫马特 Teddy Rachmat | 提佩功路 Jalan Tepekong |
| 唐格朗 Tengerang | 突古银行 Bank Tugu |
| 陶菲克·希达亚特 Taufik Hidayat | 突库乌玛尔街 Jalan Teuku Umar |
| 陶菲克·基马斯 Taufik Kiemas | 托基·阿里托囊 Togi Aritonang |
| 特伯特 Tebet | 托米·苏哈托 Tomy Soeharto |
| 特里库斯 Trikus | 托莫 Tomo |
| 特里萨克蒂大学 Universitas Trisakti | 托尼 Toni |

## W

| | |
|---|---|
| 瓦内迪 Warnedi | 维佐约·尼蒂萨斯特罗 Widjojo Nitisastro |
| 瓦提 Wati | 魏仁芳 Alan Budi Kusuma |
| 王莲香 Susi Susanti | 翁东·森陶萨 Untung Sentausa |
| 王珠金 Imelda Wiguna | 乌丹卡尤 Utan Kayu |
| 薇薇特 Wiwit | 吴俊明 Tony Gunawan |
| 薇拉 Vera | 武吉丁宜 Bukittinggi |
| 韦斯莫约·阿里斯穆南达尔 Wismoyo Arismunandar | 武吉杜里 Bukit Duri |
| 维拉 Wira | 勿里碧 Brebes |
| 维瓦 Viva | |

## X

| | |
|---|---|
| 西吉特 Budiarto Sigit | 西托鲁斯 Sitorus |
| 西利旺义 Siliwangi | 冼博德 Peter Sands |
| 西玛 Sima | 谢尔维·丹绒 Selvi Tanjung |
| 西斯沃诺·尤多·胡索多 Siswono Yudo Husodo | 雄牛广场 Lapangan Banteng |
| 西特伯特 Tebet Barat | 修格隆 Syukron |

## Y

| | |
|---|---|
| 牙托特·苏布洛托街 Jalan Gatot Subroto | 伊沙迪·S.K. Ishadi S.K. |
| 雅各布·乌塔玛 Jakob Oetama | 伊斯兰梅加银行 Bank Syariah Mega |

| | |
|---|---|
| 亚当·达拉查顿 Adang Daradjatun | 伊斯梅尔马祖基公园 Taman Ismail Marzuki(TIM) |
| 亚贡·亚迪帕拉斯特 Agung Adiprasetyo | 伊斯梅特·阿卜杜拉 Ismeth Abdullah |
| 亚历克斯·库马拉 Alex Kumara | 伊幼儿 Iyul |
| 亚历克斯·库马拉 Alex Kumara | 依斯干达·瓦希蒂瓦特 Iskandar Wahidiyat |
| 严·达尔约诺 Yan Daryono | 易卜拉欣·利斯贾德 Ibrahim Risjad |
| 叶诚万 Hendrawan | 印尼火炬日报 Suluh Indonesia |
| 伊尔曼·古斯曼 Irman Gusman | 印尼开发银行 Bapindo |
| 伊凡·帕拉维拉纳塔 Iwan Prawiranata | 印尼科学院 LIPI |
| 伊拉斯谟之家 Erasmus Huis | 印尼婆罗多公司 PT Bharata Indonesia |
| 伊梅尔达·维古纳 Imelda Wiguna | 印尼伊斯兰医院基金会 Yarsi |
| 伊米达瓦蒂 Imidawati | 英德拉·卡塔萨斯米塔 Indra Kartasasmita |
| 伊纳尔 Inal | 优素福·安瓦尔 Jusuf Anwar |
| 伊努·费比亚那 Inu Febiana | 尤努斯·约斯菲亚 Yunus Yosfiah |
| 伊萨 Isa | 尤斯蒂安·苏汉迪纳塔 Yustian Suhandinata |
| 伊萨克·波汉 Isak Pohan | 约翰·赛恩 John Thain |
| 伊沙迪 Ishadi | 约翰内斯·苏里亚 Yohanes Surya |

## Z

| | |
|---|---|
| 怎达纳 Cendana | 芝克亚斯 Cikeas |
| 扎因丁·M.Z. 哈吉 K.H. Zainuddin M.Z. | 芝灵津 Cilincing |
| 扎祖克·苏达利赞托 Cacuk Sudarijanto | 芝芒吉斯 Cimanggis |
| 詹德拉·穆利亚 Candra Mulya | 芝坡朗 Cipelang |
| 张鑫源 Ade Chandra | 芝普利尔 Cipulir |
| 芝巴达克 Cibadak | 芝然东 Cijantung |
| 芝巴蓉 Cipayung | 芝亚布斯 Ciapus |
| 芝布布尔 Cibubur | 展玉 Cianjur |
| 芝布特拉 Ciputra | 中塔帕努里 Tapanuli Tengah |
| 芝德乌勒普 Citeureup | 朱弗里·J. 巴鲁尼 Joefli J. Bahroeny |
| 芝基尼街 Jalan Cikini | 佐科 Joko |